falter 7

PAUL VON DER HEIDE

Das helfende Gespräch

Schritte der Ich-Tätigkeit

VERLAG FREIES GEISTESLEBEN

CIP-Titelaufnahme der Deutschen Bibliothek

Heide, Paul von der:
Das helfende Gespräch: Schritte der Ich-Tätigkeit /
Paul von der Heide. – Stuttgart: Verlag
Freies Geistesleben, 1991
(Falter; 7)

ISBN 3-7725-1057-4

NE: GT

Die 1. Auflage erschien 1980 unter dem Titel
«Das therapeutische Gespräch» in Band 2 der
«Beiträge zur Ausgestaltung einer anthroposophisch
orientierten Psychotherapie».

Einband: Grafik: Doris Hecht;
Typographie: Walter Schneider

2. überarbeitete Auflage 1991
© 1980 Verlag Freies Geistesleben GmbH, Stuttgart
Druck: Offizin Chr. Scheufele, Stuttgart

Inhalt

Vorwort

Das Gespräch verbindet Menschen untereinander und vermittelt das gegenseitige Verstehen. Im Gespräch kann Trennendes überwunden werden. Objektive Inhalte werden ausgetauscht, aber auch subjektivste Seelenregungen können dem Erleben anderer Menschen im Gespräch zugänglich werden. Als etwas Besonderes kann das helfende Gespräch empfunden werden.

Ein gutes Gespräch ist geradezu Ausdruck unseres Mensch-Seins. In ihm offenbart sich das Wirken unseres «Ich». Verständlich, daß das Gespräch in ganz besonderem Maße störanfällig ist. Viele Menschen erleben schmerzlich, nicht mehr miteinander «im Gespräch zu sein». Kann aus der Not des täglichen Lebens die Einsicht reifen, daß die Kunst der Gesprächsführung bewußt erlernt und vertieft werden kann? Lassen sich dabei gleichzeitig die zentralsten Kräfte unseres Ichs ansprechen und können wir lernen, diese übend zu erstarken?

Der Inhalt der vorliegenden Darstellung wurde erstmals 1980 in einer medizinischen Schriftenreihe unter dem Titel «Das therapeutische Gespräch» veröffentlicht. Damals wurde versucht, aus der ärztlichen Erfahrung beim eigenen Erüben der Gesprächsführung deren Gesetzmäßigkeiten zu schildern, um charakteristische Situationen im Leben der Patienten darzustellen.

Den Anstoß zur Darstellung dieser Zusammenhänge gab die Beobachtung, daß das Bemühen des Therapeuten, seine Gesprächsfähigkeit durch konsequentes inneres Üben der eigenen Seelenkräfte, zum Beispiel Unbefangenheit, Gleichmut, Gelassenheit, Zuhörenkönnen, zu verbessern, überraschende Wirkung auf den Patienten hat. Unabhängig vom Gesprächsinhalt wirkt die innere Haltung und die Art und Weise, wie das Gespräch geführt wird. Berühren die Taten des eigenen Ichs – denn als solche können die im Gespräch sich vollziehenden Tätigkeiten bezeichnet werden – vielleicht auch immer das Ich des Patienten? Welche Konsequenzen können aus diesen Beobachtungen sowohl für die Psychotherapie als auch für das tägliche Leben abgeleitet werden?

Die vorliegende Darstellung will aber auch aufmerksam machen auf die Tatsache, daß auch gut geführte Gespräche an Grenzen stoßen, wenn der Gesprächspartner nicht nur ein Mensch in einer Krisen-, Belastungs- oder Notsituation ist, sondern wenn bei ihm eine seelische Krankheit vorliegt. Diese Krankheitssituation gilt es zu erkennen. Man muß wissen, wie sie entsteht, welche Symptome sich zeigen und daß die Behandlung seelischer Erkrankungen eine eigene Ausbildung benötigt, weil sie charakteristische Gefahren mit sich bringen kann. Kennt man aber das Wesen der seelischen Krankheit und weiß, welche zentrale Rolle die verlorengegangene Gesprächsfähigkeit im Umgang mit anderen Menschen dabei spielt, schult dieses Wissen den Blick für anfängliche Symptome und leichte Formen neurotischer Verhaltensweisen, die im täglichen Leben doch recht häufig bei uns allen beobachtet werden können.

Die Pflege des Gesprächs schafft dann nicht nur die Möglichkeit, in Nöten helfen zu können, sondern sie wird auch zu einer seelenhygienisch wichtigen Maßnahme. Sie bekommt geradezu eine zentrale Aufgabe im menschlichen Zusammenleben für jeden, der sich bemüht, menschliche Beziehungen bewußt zu pflegen und in guter Weise zu gestalten. Vor allem gilt dies für Menschen, die in Berufen stehen, welche pädagogische oder menschenführende Aufgaben mit sich bringen.

Stuttgart, im Juni 1990   *Paul von der Heide*

Einleitung
im Hinblick auf die Situation
von Arzt und Patient

Bei allem ärztlichen Tun ist das Gespräch ein wichtiger Helfer und Mittler. Der Anamnese verdankt der Arzt die Kenntnis der Vorgeschichte einer Erkrankung. Im täglichen Umgang mit dem Patienten in der Sprechstunde oder in der Klinik bei der Visite kennt er durch das Gespräch die jeweilige Situation und ihre Veränderungen. Aber es geschieht bei der Frage: «Wie geht es heute?» noch mehr. Das Wort wird zum Träger einer wichtigen mitmenschlichen Beziehung. Dies kann deutlich werden, wenn wir uns einmal eine Visite vorstellen, bei der wir als Patient nicht direkt angesprochen würden, bei der die Ärzte schweigend vorübergingen oder nur miteinander über uns als Patienten sprächen. – Mit Hilfe des Wortes müssen wir als Ärzte den Patienten zum Verständnis eines notwendig gewordenen Eingriffes hinführen. Legt der Chirurg eine dringlich gewordene Operation nahe, ist es wieder nicht nur die Sachlichkeit, die den Patienten überzeugt. Die Art, «wie» gesprochen wird, schafft das Vertrauensverhältnis, aus dem heraus der Patient sein Leben dem Arzt anvertraut. Der tragende Stimmungsuntergrund ist oft genau so wichtig wie der Inhalt.

Es gibt aber auch das unmittelbar «helfende» Wort. Das rechte Wort im rechten Augenblick vermag einen verzagten Patienten aufzurichten. Es kann dazu beitragen, daß er wieder Hoffnung und Zuversicht bekommt und damit selbst an den Heilungsvorgängen mitwirken kann.

Noch wichtiger wird das Wort in den Krankheitssituationen, die medikamentös oder mit den sonst üblichen Mitteln angegangen werden sollen und wo der Arzt den Eindruck hat: Wird dieser Mensch seine Lebenssituation oder seine Lebenseinstellung nicht ändern, dann wird er voraussichtlich bald wieder einen Rückfall erleiden. - Wie oft merkt der Arzt, daß die somatischen Beschwerden, die den Patienten in die Sprechstunde führen, nur Ausdruck einer dahinterliegenden Konfliktsituation sind oder Ausdruck einer akuten oder chronisch schwelenden Lebenskrise. Wie schwer ist es aber häufig in diesen Situationen, entsprechende Hinweise zu geben, die auch aufgenommen werden können. Oder muß man vielleicht die Kunst der Gesprächsführung ebenso erlernen wie die Handhabung der Medikamente? Gibt es Gesetze, die wir kennen sollten, um den sicherlich verschiedenen Grundsituationen der Patienten gerecht werden zu können?

Das ärztliche Gespräch
in der Sprechstunde

Betrachten wir die Situation eines Patienten, der mit körperlichen Symptomen in die Sprechstunde kommt, bei dem aber eine psychische Konflikt-situation oder Lebenskrise vermutet werden kann. Wer je einmal selbst eine derartige Lebenslage durchlitten hat, weiß, daß man sich in einer solchen Situation in seinem Denken und Fühlen wie «verstrickt» fühlt. Wir haben nicht mehr genügend Abstand «von uns selbst». Wir können uns aber auch nicht mehr sachlich im Zusammenspiel mit unserer Umgebung sehen, also nicht mehr den Standpunkt einnehmen, den man bei der abendlichen Rückschau zu üben versucht, bei der man, wie mit den Augen eines guten Freundes, in der Haltung wohlwollender Nüchternheit, das eigene Tun überblickt. Das Ich als der Kern unserer Persönlich-keit, das uns Aufgaben und Ziele setzt, unsere Seelen-regungen mit Hilfe des Denkens ordnet, das Schwie-rigkeiten in unserer Beziehung zur Welt klarzulegen vermag, aber im Blick auf eine Gesamtsituation auch die Kraft zu Verzicht und innerer Überwindung intendiert, ist aller dieser Möglichkeiten verlustig ge-gangen. Auch die impulsierende Kraft ist erlahmt. Das

Ich wurde zum Spielball widerstrebender Gefühle. Die Gedanken sind nicht mehr Helfer für die Ich-Tätigkeit, sondern sie verstärken durch scheinlogische, egozentrische Abläufe noch die Zwiespalte der Affekte. Das Denken wirkt nicht mehr klärend, sondern fixiert als «Sklave der Empfindungen» die schwierige Lebenssituation häufig zusätzlich, und dies oft in grotesker Weise. Dauern derartige nicht gelöste Seelensituationen längere Zeit an, so sind körperliche vegetative Beschwerden die Regel. Es ist eine bekannte Tatsache, daß zum Beispiel in Scheidungssituationen 85 Prozent der Frauen und 63 Prozent der Männer unter oft recht quälenden und hartnäckigen psychovegetativen Symptomen leiden[1].

Führt der Arzt in einer derartigen seelischen Notsituation mit einem Patienten, der eine primär gesunde Persönlichkeit ist, ein Gespräch, so lassen sich für dieses «ärztliche Gespräch in der Sprechstunde» charakteristische Schritte unterscheiden. Es kann die Frage entstehen: Genügt es, daß wir aus unserer mitgebrachten Herzlichkeit und Lebensreife im Gespräch wirksam werden, oder können innere Gesetzmäßigkeiten eines Gesprächsverlaufs erkannt und damit auch bewußt geübt werden?

Die Gesprächseröffnung:
Hinwendung und Zurücktreten

Ein gutes Gespräch kann nur entstehen, wenn der Arzt sich ganz in die Situation des Patienten hineinzuleben vermag. Es ist dies ein Akt der liebevollen Hinwendung. Man bringt dem Patienten Seelenwärme und Herzlichkeit entgegen. Gleichzeitig gilt es aber, «innerlich zurückzutreten», nur «offen zu sein». Alles Urteilen hat zu schweigen. Dabei sind noch gar keine Worte als Mittler nötig. Schon am Blick des Patienten, an seiner Haltung und Gestik kann im Miterleben Wesentliches von der Situation des anderen Menschen erahnt werden. Es ist dies der liebevolle Blick auf den Menschenbruder in Not.

Der Verstärkungseffekt im Patienten

Diese doppelte innere Aktivität, Hinwendung im Sich-Verbinden und Zurücktreten im fragenden Lauschen, hat eine Wirkung auf den Patienten. Er fühlt sich angenommen und doch freigelassen. Viele Patienten sind verunsichert und fragen sich, ob sie sich irgendwie ausgeliefert fühlen müssen oder ihre Freiheit behalten dürfen. Ganz besonders gilt dies bekanntlich für jugendliche Patienten. Das Sich-zurück-Nehmen schafft diesen Freiraum.

Der meist recht zaghafte gute Wille, sich dem anderen anzuvertrauen, erfährt eine eindrucksvolle Verstärkung durch das Erleben, daß der Arzt die geschilderte zweifache Willenstat: «Hinwendung» und «Sichselbst-Zurücknehmen im Lauschen» zu praktizieren vermag. Es bleibt die Frage, wie dieser Verstärkungseffekt zu verstehen ist. Bedeutet er ein unbewußtes «Einsteigen» in die vorgelebte Seelengestik, weil diese Haltung die Erfüllung einer geheimen Sehnsucht ist, oder ist es Nachahmung, vielleicht auch eine Art Resonanzwirkung? Der Patient ist ja in Not und damit in der Ausnahmesituation einer gesteigerten Bereitschaft und Empfindsamkeit. Es ist also schon verständlich, daß eine gute menschliche Haltung, die dem Wesen des Ichs und seinen Tatmöglichkeiten entspricht, zaghafte Seelenregungen im Patienten ansprechen und verstärken kann. Es kann dies geschehen, ohne daß Wortinhalte dabei eine Rolle spielen. Als innere Haltung bildet dieses Wechselspiel die Grundlage für den Ablauf des weiteren Gesprächs. Es ist immer wieder erstaunlich, daß allein schon das Erleben: «Mir wird Wärme entgegengebracht» und: «Ich werde frei gelassen und so genommen, wie ich bin» Seelenkräfte, die ins Stocken geraten sind, dem Patienten wieder zugänglich macht.

Das Wort ist dabei der Mittler. Es schildert die äußeren und inneren Begebenheiten. Da wir von der Annahme ausgehen, daß es sich bei diesen Patienten um im Grunde seelisch gesunde Menschen handelt, können Vorgeschichte und gegenwärtige Lage einigermaßen klar dargestellt werden. Für den Zuhörer ist aber nicht nur der Inhalt wichtig, sondern ebenso der Stimmungsuntergrund, der in den Worten mitschwingt. Oft verrät ein leichtes Zögern und Vibrieren in der Stimme mehr als der Inhalt der Worte und gibt zu Zwischenfragen Anlaß, die vielleicht erst die wesentlichen Probleme in Fluß bringen. Stellt der Arzt eine Frage, sollte auch dabei die Grundgestik jedes echten Gesprächs mitschwingen: liebevolles Verstehen-wollen und freilassender Respekt vor der Persönlichkeit des anderen. Fragen, die aus dieser Grundstimmung gestellt werden, können vom Patienten angenommen werden und wirken lösend, ja befreiend und nicht als neugieriges Eindringen in geheime Seelenbezirke, gegen die er sich unbewußt und vielleicht auch mit Recht wehren möchte.

Für den Arzt ist dies die Phase des miterlebenden Denkens und nicht nur ein Registrieren von Fakten. Er versucht, sich in die Situation des Patienten hineinzuleben, und zwar in seine Willensmöglichkeiten, die als ausstrahlende Mittelpunktskraft sein Tun und Lassen prägen. Dabei gilt es abzuspüren, wie diese Kraft, die Gegenwart und Zukunft gestalten möchte, von widrigen Umständen, äußeren und inneren Hemmnissen, beeinflußt wurde.

Es ist dies ein Schritt, der über die übliche Art der Gesprächsführung hinausführt. Die naturwissenschaftliche Haltung des Arztes lehrt uns, das Gewordene zu erkennen und in größere Zusammenhänge einzuordnen. Hier aber gilt es, «Werdeprozesse» mitzudenken durch die Fähigkeit des «hineintastenden», miterlebenden Denkens (R. Steiner). Der Arzt ist dabei aufgerufen, seine subjektive Erlebniskraft in ein objektives Phänomen hineinzuschicken und bereit zu sein, sich von der fremden Situation prägen zu lassen. Rudolf Steiner nennt diesen Vorgang das verdichtete Denken[2]. Trotz dieser anscheinend subjektiven Erlebniskomponente muß die objektive Grundhaltung des naturwissenschaftlichen Denkens – der sachliche Abstand – erhalten bleiben. Dieser Vorgang ist eine innere Tat, die einer körperlichen Arbeit und der dabei notwendigen Kraftentfaltung ähnlich ist. Eigenartigerweise erhöht sie das Interesse und die Aktivität, ja hat geradezu eine belebende Rückwirkung. Soll die geforderte Objektivität wirksam bleiben, ist nach der liebevollen Hinwendung die zweite Grundgeste des Zurücktretens und ihre bewußte Pflege ebenfalls notwendig. Jedes Urteil hat in dieser Phase des miterlebenden Denkens zu schweigen. Man lebt dann denkend «im Objekt», in den Kräften, die in ihm wirken.

Als nächster Schritt schließt sich an, daß man sich mit dem gewohnten Denken Rechenschaft gibt über diese neuen Denkerlebnisse.

Das gemeinsame Betrachten aus innerem Abstand

Es gilt jetzt, der Lebenssituation, die der Patient geschildert hat, gemeinsam mit Sachlichkeit gegenüberzutreten. Allein vermag er dies nicht. Er benötigt Hilfe, um die geschilderten Erlebnisse und Nöte in ähnlicher Art betrachten zu können, wie wenn man sich über die Schicksalsschläge eines guten Freundes Gedanken machen würde. Wie führt man dabei den Patienten so, daß er selbst dieses Abstandserleben erreichen kann? Nur zu leicht wird er wieder in das «Verstricktsein» zurückfallen und damit in Gefahr geraten, in der Enge seiner Emotionen gefesselt zu bleiben, die ihm Abstand und sachliche Überschau unmöglich machen. Das Entscheidende bei dem Bemühen, den Patienten zum Abstand von sich selbst hinzuführen, ist wieder die Stimmungsgrundlage, die der Arzt erzeugt in der Hoffnung, der Patient könne die vorgelebte liebevolle Sachlichkeit aufgreifen. Diese Phase ist gekennzeichnet durch ein «brüderliches Miteinander». Es sollten auch jetzt noch keine Urteile gefällt werden, sondern nach der vorangegangenen subjektiven und von Emotionen gefärbten Schilderung sollte ein sachliches Lebensbild in der gemeinsamen Betrachtung aufleuchten. Dieser Schritt ist schwerer, als man denkt; sowohl für den Arzt, der sich des Urteils enthalten muß, als auch für den Patienten, der immer wieder in die Seelenhaltung zurückfallen möchte, in der er sich verstrickt fühlt.

Die Sehnsucht nach größerem Überblick

Insgeheim hat jeder Mensch, der sich in der bedrückenden Enge einer Seelennot erlebt, die Sehnsucht, das eigene Schicksal in einem größeren Zusammenhang zu sehen, klärende Gesichtspunkte zu entdecken oder sogar einen noch verborgenen Sinn in der nicht verstehbaren Lebenslage zu finden. Diese Hilfe erwartet er vom Arzt, der doch viele Schicksale überschaut. Gibt es etwa Gesetze des menschlichen Reifens, die einem noch unbekannt sind? – so lautet eine geheime Frage. Warum sind Reifungsschritte so oft mit Schmerzerlebnissen, mit Leid, auch gar nicht so selten mit dem Erleben, schuldig zu werden, verbunden? Muß die Kraft des Verzichtens vielleicht ebenso erlernt werden wie die bewußte Liebefähigkeit? Und warum werden fast alle Menschen in ihrem Leben einmal oder zu wiederholten Malen vor derartig drängende Fragen geführt? – Der Helfer, der der «Enge» der Seelennot diese «Weite» allgemein menschlicher Entwicklungsgesetze hinzufügen soll, muß also die Gesetze und Geheimnisse der einzelnen Lebensabschnitte kennen. Vor allem muß er aber auch die Gesetzmäßigkeiten der Entfaltung des Ich in der Auseinandersetzung mit den widerstrebenden Seelenmächten – den «Widersachermächten» nach R. Steiner –, die uns in egozentrischer Seelenverfassung festhalten wollen, theoretisch, vor allem aber auch im eigenen Leben überschauen. Wo sind Egoismen berechtigt, ja vielleicht sogar notwendig? In welchen Situationen müssen wir jedoch lernen, die eigenen Wünsche mit den Bedürfnissen anderer Menschen oder denen einer Gemeinschaft in ein gutes und befriedigendes Wechselspiel zu bringen? Welche Gesetze wirken in jeder Menschenbegegnung, im Gespräch, in jeder Wahrnehmung der Welt? Können verlorengegangene Fähigkeiten neu erlernt werden?

Wichtig ist, daß diese ersehnte Erweiterung des Lebenshorizontes nicht als Wissen dozierend übermittelt, sondern möglichst gemeinsam erarbeitet wird. Man muß immer geistesgegenwärtig abtasten, «was» und «wieviel» gesagt werden kann und vor allem «wie». Oft ist es besser, auf Wissensvermittlung überhaupt zu verzichten und nur Fragen zu stellen, die den Patienten zum Nachdenken anregen. Man kann auch Aussagen des Patienten aufgreifen und sie so anordnen, daß er selbst Antworten zu finden vermag. Manchmal gelingt dies auch durch die konsequente Fortführung von Gedankengängen, die der Patient geäußert hat. Man erlebt vielleicht gemeinsam die Grenzen einer vorgetragenen Denkart, so daß die Frage nach neuen Gesichtspunkten brennend wird. Auch hier muß auf die Geste des Gebens immer wieder die des Sich-Zurücknehmens erfolgen. Nur so entsteht die verlorengegangene Freiheit wieder neu und können Eigenaktivitäten im Gesprächspartner geweckt werden. (Die Schwierigkeiten in dieser Gesprächsphase, den beiden Grundgesten des Gespräches treu zu bleiben, sollen weiter unten ausgeführt werden.)

Die seelische und die geistige Einstellung zur Welt

Dem Verstricktsein in die eigene Seelennot liegt unbewußt die Frage zugrunde: Was bedeutest du für mich? Diese «seelische Einstellung zur Welt»[3], hat durchaus ihre Berechtigung, wenn die «geistige Einstellung zur Welt» sie immer wieder auflöst. Letztere ist durch die Frage charakterisiert: Was ist für die Welt – sei es ein Objekt der Natur, ein anderer Mensch oder eine Menschengemeinschaft – von Wichtigkeit? Es ist die Frage nach dem Wesen des anderen, seinen Bedürfnissen, seinem Entwicklungsstand. Diese Fragestellung entspricht zutiefst dem Menschen als einer geistigen Wesenheit.

In einer Seelennot sind wir in der «nur seelischen Einstellung» gefangen und können den Blick kaum hinauslenken auf die Not eines anderen. Dies charakterisiert vielfach derartige Krisensituationen. Es gilt, aus dem «Betroffensein» den Blick wieder hinauszulenken auf den eigenen Lebensumkreis, auf die Menschen und Anforderungen, denen wir gegenübergestellt sind. Welche Rolle spielen wir im Leben anderer Menschen oder in einer Gemeinschaft? Können wir zum Beispiel einen guten Klang in eine Gemeinschaft hineintragen?

Wie kann dem Patienten die Enge des Seelenlebens bewußt gemacht und sein Blick wieder geweitet werden? Der Helfer steht dabei hinter oder neben ihm und blickt gemeinsam mit ihm in «seine» Welt. Der Patient muß selber lernen, die Kraft der Hinwendung zu üben, aber auch das Zurücktreten im Fragen und Lauschen; denn nur so kann das Wesen eines anderen Menschen oder das Wesen einer Schicksals-Situation erlebt und erkannt werden. Es heißt dies aber nichts anderes, als daß dies die Kräfte sind, die der Mensch in Not erwerben muß, um einen Reifungsschritt zu vollziehen und sich wieder in Zusammenklang mit seiner Umgebung zu bringen.

Nach diesen Gesprächsphasen, die immer ein Tasten sind, ob das vom Arzt gesprochene Wort auch den Patienten wirklich erreicht, muß sich eine Phase neuerlichen, liebevollen Lauschens anschließen. Es ist wie ein Warten in innerer Aktivität. Die polaren Willensrichtungen «Hingabe und Sich-Öffnen» in ihrer zentrifugalen und zentripetalen Grundrichtung schwingen ineinander. Das aktive Warten kann allein bei einem der beiden Partner vor sich gehen, oder aber es kann gemeinsam geübt werden. Die Hinwendung richtet sich jetzt nicht mehr allein auf den Partner und den Inhalt der Schilderung, sondern gemeinsam auf die Frage, wie eine Lösung erkennbar wird, eine Lösung, die nicht nur für den einzelnen Menschen, sondern für die Gesamtsituation richtig ist. Können wir etwas von dem Sinngehalt einer Schicksalssituation erahnen und dadurch Richtung bekommen für den Weg, auf dem Hemmnisse überwunden werden können?

Diese Kraft der Hinwendung und des Lauschens bezieht sich also auf ein noch Unbekanntes. Gedankliche Lösungsversuche, die durchgespielt wurden, werden nicht gegeneinander abgewogen durch logische Verstandeskraft, sondern werden auf ihre menschliche Tragfähigkeit abgespürt. Wurde schon eine Ahnung erlebt oder erarbeitet, daß es vielleicht Lösungen gibt, die nur durch die Erweiterung des Lebenshorizontes zugänglich werden und einer anderen Art von Wissen entspringen als der vordergründigen Denkart unserer Zeit, so kann eine liebevoll offene Empfangsbereitschaft gepflegt werden. In diesem Lauschen schweigt jetzt, auch in der Seele des Patienten, alles eigene Leid. Es entsteht Bereitschaft zur Wandlung, zur Katharsis, zum Empfang neuer Ideen und Erkenntnisse. Nur durch diese «aktiv» erzeugte «passive» Haltung kann aus Wissen innere Überzeugung entstehen.

Diese Haltung kann als Nachklang des gemeinsamen Gesprächs vom Patienten im «stillen Kämmerlein» gepflegt werden, wobei das Geheimnis des «Mehrfach-darüber-Schlafens» nicht unwesentlich ist, oder es kann das wartende Schweigen auch einmal in Gemeinsamkeit erlebt werden - für den Patienten oft eine neue Erfahrung von eigenartigem Zauber.

Das erfüllte Warten

Nicht selten leuchtet in einem gut geführten Gespräch aus der Haltung des Lauschens und Wartens «blitzartig» im Patienten eine helfende Erkenntnis auf. E. Balint hat auf das beeindruckende Phänomen des «flash» eindrücklich hingewiesen.[4] In anderen Fällen nimmt man die wartende Stimmung mit in die Nächte, muß vielleicht auch das Gespräch mehrfach wiederholen, bis Lösungen aufleuchten.

Gelegenheitlich – aber dies gilt es jetzt wieder mit Feingefühl abzuspüren – ist auch ein mit Bestimmtheit ausgesprochenes, herzhaftes Wort berechtigt, das Wege weist und aufzurütteln vermag. – In der Regel ist es aber das Anliegen des helfenden Gesprächs, Möglichkeiten zu schaffen, daß der Partner selbst wieder einen Weg finden kann.

Erschwernisse der Gesprächsführung

Wir fühlen uns als Ich mit Recht als Besitzer einer inneren «Seelenfülle», die aus Wissen, Erinnerungen und Gefühlen besteht. Es ist dies das primäre Ich-Erlebnis. Führen wir in dieser Ausgangslage ein Gespräch, das einem anderen Menschen zu helfen versucht, so ist der Gesprächsverlauf einer charakteristischen Gefahr ausgesetzt: Haben wir als Helfer wahrgenommen, welche Gedanken dem hilfesuchenden Gesprächspartner förderlich sein könnten, so versuchen wir, aus der Fülle des Wissens unsere besten Gedankengänge hervorzuholen. Dabei ist die Aufmerksamkeit und das Abstandserleben notwendigerweise auf den Inhalt dieses Bemühens gerichtet. Ohne daß wir es bemerken, tritt der eigentliche Gesprächsvorgang, der zwischen beiden Partnern bewußt weben sollte, in den Hintergrund. Wir verlieren uns an unser Wissen, an die Fülle unserer Seelenvorgänge und verspüren intensiv unseren eigenen guten Willen. Wir leben ganz im Inhalt und im inneren liebevollen «Helferwillen». Das kann ein erhebendes Krafterlebnis sein, ist aber auch eine Art Selbstgenuß. Wir geraten dabei in die Gefahr, den Partner durch unsere Seelen-

und Wissensfülle oder durch unsere Willensintensität zu erdrücken. Der Partner hat nicht mehr das Erleben, freigelassen zu sein und am Erkenntnisvorgang aktiv mitwirken zu können. Ist er außerdem verwundbar und empfindlich, entsteht in ihm unbewußt eine geheime Abwehr. Die Worte, die er hört, berühren vielleicht seinen Verstand, können den Kern seiner Persönlichkeit aber nicht erreichen. Bei leichteren Problemen kann diese Gesprächshaltung sogar trotzdem Gutes bewirken, da der gute Wille des Helfers stark spürbar ist. Bei etwas schwierigeren Notsituationen wird er aber versagen und in beiden Partnern Enttäuschung hervorrufen.

Zusammenschau und praktische Auswirkungen

– Die Kunst, ein gutes Gespräch zu führen, wurde wohl immer als charakteristischer Ausdruck unseres Menschseins empfunden. Den Weisen des Ostens, Sokrates und Plato, ebenso aber dem Christentum verdanken wir bedeutsame Hinweise auf Wesen, Geheimnisse und Wirkensmöglichkeiten des menschenverbindenden Gesprächs.[5] – Für bedeutende psycho-therapeutische Schulen unserer Zeit ist das Gespräch, bei dem sich die Partner gegenübersitzen, «die» Methode des therapeutischen Vorgehens. Diesen Schulen verdanken wir sehr eindrucksvolle Schilderungen der inneren Haltung, die der Therapeut darlebt.

– Auf die Auseinandersetzung mit diesen Schilderungen wurde in der vorliegenden Darstellung bewußt verzichtet. Sie entstand nicht aus der Zusammenschau der Literatur, sondern war bemüht, aus den Erlebnissen der täglichen Praxis die Gesetzmäßigkeiten des Gespräches zu entwickeln. Es sollte dabei versucht werden, mit dem Leser einen «Weg zu gehen» in der Hoffnung, daß er bereit ist, die einzelnen Schritte im Miterleben nachzuvollziehen. Daraus könnten eigene Erkenntnisse erwachsen, mit denen jeder mehr verbunden sein kann als mit übermitteltem Wissen.

– Die Schilderung des Gesprächsablaufes möchte jedem Anregungen geben, der mit anderen Menschen zu tun hat und sich dabei des Gespräches bedient. Es gilt dies für den Beruf des Arztes ebenso wie für den Pädagogen, Sozialarbeiter und den Seelsorger, aber auch für Angehörige von Berufsgruppen, die in Fabriken und Betrieben Aufgaben der Menschenführung zu erfüllen haben. Darüber hinaus sollten wir alle die Gesetze der Gesprächsführung kennen, vor allem aber auch von den Möglichkeiten wissen, die einzelnen Schritte bewußt zu erüben und die Wirkung des Gespräches dadurch intensivieren zu können.

– Das Staunen über die Realität des Verstärkungseffektes und das Phänomen, daß durch die bewußt geübte Gesprächshaltung ohne Wissensübermittlung im Partner blitzartige Erkenntnisse aufleuchten können, vermag das Interesse für die Geheimnisse des Gesprächs immer wieder neu zu beleben.

– Das bewußt geführte Gespräch, in dem die geschilderten Seelenschritte wirksam werden, kann als ein *Urbild jeder menschlichen Beziehung* gelten. Die Gesetze des Gesprächs liegen jedem Wechselspiel zwischen uns und den Objekten der Umwelt zugrunde.

– Die Grundgesten des Gesprächs – Hingabe und Sich-Öffnen – wirken als Naturgeschenk erst einmal «von alleine». Werden sie aber nicht bewußt gepflegt, können sie verkümmern oder in Einseitigkeiten erstarren. Durch die Tatkraft unseres Ichs ist es möglich, sie bewußt zu ergreifen, zu verstärken und auch in Situationen zur Anwendung zu bringen, wo sie nur gegen Widerstand und mit großer Mühe zur Wirksamkeit entfacht werden können. Die Kenntnis der Grundgesetze des Gesprächsvorgangs versetzt uns in die Lage, das eigene Seelenleben beobachten und erkennen zu können, ebenso die charakteristischen Seelenvorgänge beim Partner. Die Erfahrung, daß das echte Gespräch ein Weg ist, Lösungen auch in schwierigen Konfliktsituationen zu finden, kann uns ermutigen, erwärmen, ja begeistern, die inneren Taten, die zur Herstellung einer «echten» Gesprächssituation notwendig sind, immer wieder neu zu anzugehen.

– Im Gespräch offenbart sich *das Wirken des «Ich»*. Im Gespräch können wir Ich-Kräfte erleben und bewußt üben. Die helfende Kraft eines Gesprächs wird dadurch verstärkt.

2

Das psychotherapeutische Gespräch

Die nachfolgenden Ausführungen sind aus der psychotherapeutischen Praxis für diese Praxis gedacht. Sie können aber auch dem Außenstehenden Einblick geben in Gesetzmäßigkeiten, die im Alltag zwar so nicht auftreten, dennoch aber interessante Erkenntnisse über die Natur der menschlichen Seele und ihr Verhalten in Gesprächssituationen vermitteln.

Das ärztliche Gespräch in der Sprechstunde, dessen Gesetzmäßigkeiten dargestellt wurden, vermag in akuten Krisensituationen oft schon in kurzer Zeit zu bewirken, daß seelische Notlagen überwunden werden können; körperliche Beschwerden, die mit den seelischen Spannungszuständen in Verbindung stehen, werden erträglich oder schwinden.

Diese Art der Gesprächsführung ist auch «Psychotherapie». Die ärztliche Tat bedient sich ja nicht der Substanz des Medikamentes, sondern eines «psychischen Mittels»: der Gesprächsführung. Nur darauf weist der Name «Psychotherapie» hin! Der Lenker des therapeutischen Gesprächs ist das Ich des Therapeuten als geistige Instanz. Es ist das Ziel, das Ich des Patienten – seine geistige Wesenheit – anzusprechen.

Vom ärztlichen Gespräch in der Sprechstunde wollen wir im folgenden das eigentliche psychotherapeutische Gespräch abgrenzen, das sich auf die Behandlung seelischer Erkrankungen bezieht.

Seelisches Kranksein

Es gibt Situationen, in denen die soeben geschilderte Art der Gesprächsführung, und sei sie noch so meisterhaft, völlig versagt. Auch eine medikamentöse Therapie vermag keine Besserung herbeizuführen. In diesen Fällen liegt nicht mehr «nur» eine Lebenskrise vor, aus der die betreffende Persönlichkeit früher oder später gereift und gekräftigt hervorgeht, sondern eine seelische Erkrankung, zum Beispiel eine Neurose. Diese Erkrankungen können alle Schweregrade aufweisen. Besondere diagnostische Beachtung für den praktischen Arzt erfordern die leichten Formen, die erst kurze Zeit bestehen, weil sie einer Therapie besonders gut zugängig sind. Bei körperlichen Beschwerden ohne organische Grundlagen, also bei psychovegetativen Krankheitsbildern, denke man immer an eine möglicherweise vorhandene Neurose. Wir sahen, daß in Konfliktsituationen zwiespältige Gefühle das Seelenleben beherrschen, die durch die Kraft des Ichs nicht einer Klärung zugeführt werden können. In Krankheitssituationen besteht diese Seelenhaltung meist schon längere Zeit. Das Bemühen, Klärungen herbeizuführen, ist erlahmt oder durch die Übermacht der Probleme wie erdrückt. Das Denken steht der Kraft des Ich nicht mehr zur Verfügung. Es vermag weder die Beziehung zu sich selbst noch zur Umwelt zu ordnen, sondern wird in das Spannungsfeld widerstrebender Affekte einbezogen. Es wird von ihnen in Bahnen gezwungen, durch die die vorliegenden Spannungen oft noch erhöht werden. Auch der Wille kann nicht mehr frei nach außen wirken. Denken, Fühlen und Wollen «purzeln ineinander»[6], bilden einen Seelenknäuel, einen «Seelenkomplex», der Eigenleben bekommt. Die eigentlichen krankmachenden Faktoren sind dabei häufig unbewußt geworden, sie wurden verdrängt. Zweitrangige Faktoren oder Symptome werden in den Vordergrund gestellt.

Ist die Neurose kompensiert, so können Tagespflichten durchaus erfüllt werden. Aber schon Kleinigkeiten können das Eigenleben der Seelenkomplexe zur Auslösung bringen (Ausklinkeffekt). Keine Einsicht vermag dies zu verhindern. In schweren Krankheitssituationen ist der Patient dem zwiespältig-leidvollen Eigenleben der Seele völlig ausgeliefert (dekompensierte Neurose). Die Beziehung zur Welt kann nicht mehr gemeistert werden. Der Patient ist arbeitsunfähig und nicht in der Lage, unbefangen neuen seelischen oder geistigen Erlebnissen gegenüberzutreten.

Bei seelischen Krankheitszuständen liegt nicht nur eine akute Schwächung der Ich-Kräfte vor wie bei den Patienten in Krisensituationen. Für die Neurosen ist es charakteristisch, daß sich Seelenkräfte schon in der Kindheit nicht richtig entfalten konnten. Sie wurden durch äußere Einflüsse daran gehindert. Die Anamnese bestätigt das Vorliegen einer «gestörten kindlichen seelischen Entwicklung». Rudolf Steiner weist nachdrücklich auf die Bedeutung vor allem der ersten drei Lebensjahre hin, in denen das Kind besonders anfällig für Schädigungen ist, die Folgen für die spätere seelische und körperliche Gesundheit mit sich bringen.[7]

Dem pädagogischen Wirken Rudolf Steiners verdanken wir die Kenntnis der Entwicklungsgesetze in den Jahrsiebten und Hinweise auf die Veränderungen, die sich dabei in der Beziehung zwischen dem Seelisch-Geistigen und der Leiblichkeit abspielen. Besonders interessant ist neben den ersten drei Lebensjahren und der Pubertät die Bedeutung des 9. Lebensjahres, das zu einer völligen Neuorientierung des Körper-Seele-Verhältnisses führt.[8] Wenn fehlerhaft gewordene Psyche-Soma-Konstellationen bestehen bleiben, sind meist lange Zeit keinerlei Beschwerden erkennbar. Erst in späteren Belastungssituationen kann die damals erworbene Einseitigkeit Folgen haben, zum Beispiel die Entstehung einer körperlichen oder seelischen Erkrankung begünstigen.

Das gesunde Kind entwickelt langsam im Zusammenspiel mit den Erwachsenen sein seelisches Eigenleben. Die sonnenhafte Kraft der vertrauensvollen Hinwendung, die den Zauber des kleinen Kindes ausmacht, will gepflegt werden, damit sie erkraftet und dem jungen Erwachsenen für die bewußten Taten seines Ichs zur Verfügung steht. Das gleiche gilt für die Seelenkräfte des Aufnehmens und Verinnerlichens. Immer wieder Neues will staunend entdeckt, erlebt, erfragt und zum eigenen Besitz gemacht werden. Am Vorbild entzündet sich die liebevolle Tat, die einem anderen Menschen Freude machen und ihn fördern möchte. Schmerz und Verzicht sind dann kein Trauma, sondern ein wesentlicher Teil des Entwicklungs- und Reifungsgeschehens, üben sie doch eine der beiden wesentlichen Seelenkräfte. Schon früh kann erlebt werden, daß ein Verzicht einem anderen zuliebe nicht schwächt, sondern stark und frei macht.

Versuchen wir nachzuerleben, wie eine kaltherzige Mutter oder ein cholerischer Vater die beiden Grundseelenkräfte zu hemmen vermögen! Das Vertrauen in die Welt kann sich nur im Zusammenleben mit den Erwachsenen entfalten. Werden Hingabe als ausstrahlende Willenstat und Verzichtenkönnen als Grundlage für Lauschen und inneres Fragen nicht geübt, so erhält die Ursehnsucht nach dem Umgehen mit diesen beiden Grundkräften der Seele keine Nahrung. Es kommt zu Stauungen im Seelenleben, zum Erlahmen von Seelenkräften oder zur Ausbildung einseitiger Haltungen. Anstatt daß Seelenregungen nach außen gewendet werden, können sie im Inneren rumoren. Beachtenswert ist, daß dabei auch immer das Wechselspiel zwischen den eigentlichen Seelenkräften und der Leiblichkeit einseitig wird. – Ähnliches kann durch seelische Traumen wie tiefgehende Enttäuschungen oder Trennungserlebnisse (Todesfälle, Scheidung der Eltern) entstehen. Es ist aber auch bekannt, daß schwerste seelische Traumen, wie sie zum Beispiel in der Kriegs-, Nachkriegszeit und Fluchtsituation durchgemacht werden mußten, keine Schädigungen hinterließen, die zu Neurosen prädisponieren, wenn das Kind anschließend mit Erwachsenen zusammen aufwachsen konnte, die als geliebte Autorität Vorbild zu sein vermochten, weil sie die geschilderten Grundseelenkräfte in ihrer inneren Haltung vorlebten.

Die Psychoanalyse hat besonders die Störungen des Seelenlebens in den ersten Lebensjahren erforscht. So ist es eine Tatsache, daß sich das Seelenleben nicht nur in der Begegnung mit der Welt entfaltet, sondern besonders auch in Zusammenhang mit den Funktionen des Leibes, der Nahrungsaufnahme und Verdauung.[9] Diese Bereiche sind durch ungeschicktes Verhalten der Erwachsenen besonders störanfällig. Es ist eine richtige Beobachtung, daß die verschiedenen seelischen Grundgesten in verschiedenen Lebensphasen besonderes Gewicht haben, etwa die Geste der Hinwendung nach außen oder die des Aufnehmens und Ergreifens; in der letzteren Phase wird vom Kind bekanntlich alles in den Mund gesteckt. Ebenso gibt es eine Phase des Verinnerlichens und Behalten-Wollens und eine weitere, in der das Abgeben des Ergriffenen oder auch des körperlich Verinnerlichten im Vordergrund steht. Diese Seelengesten entsprechen den Formulierungen der Analytiker, die zum Beispiel von einer oralen, kaptativen, retentiven, analen und urethralen Phase sprechen. Die Störungen, die bei diesen Entwicklungsschritten auftreten können, sind anschaulich in der entsprechenden Literatur beschrieben. Einseitig ist unseres Erachtens, daß das Hauptgewicht der seelischen Entwicklung auf die Erlebnisse, die an der Körperlichkeit entstehen, gelegt wird. Wenn wir die Kindheitsjahre auffassen als das Bemühen der geistig-seelischen Individualität, den Leib zu ergreifen und sich seelisch im Körper zu erleben, vor allem aber durch das Leben im Körper die Welt zu ergreifen, ist der Blick stärker auf die menschliche Individualität gerichtet. Wir können dann die sachlichen Beobachtungen der Psychoanalyse, befreit von den damit verbundenen Theorien, durchaus als Bereicherung empfinden.[10] – Interessant sind auch die Beobachtungen, daß Störungen in den einzelnen Phasen im späteren Leben die Art einer sich entwickelnden Neurose beeinflussen.

Es sei nochmals wiederholt: Die polaren Kräfte der «Hinwendung» und des «Sich-Öffnens», die später vom Ich bewußt gehandhabt werden müssen, werden im Kinde gepflegt durch die Begegnung mit Erwachsenen, die diese Ich-Taten vorleben.

Vermögen die Erwachsenen keine Ich-Taten im Umgang mit den zwei Grundkräften der Seele zu vollbringen, handeln und reagieren sie ängstlich affektiv

oder aus starren Meinungen, so hemmen sie die Entfaltung der Grundseelenkräfte in den Kindern.

Der Ausbruch der seelischen Erkrankung

Erfordern im späteren Lebensalter Schicksalsnöte die
Kräfte des Ichs, um Zwiespälte zu klären, Entschei-
dungen zu fällen, eigene Interessen mit den Bedürfnissen anderer Menschen oder einer Menschengemeinschaft in einen guten und befriedigenden Zusammenklang zu bringen, so steht diese Ich-Kraft nicht zur
Verfügung, weil die entsprechenden polaren Seelenkräfte in den wichtigen Lebensabschnitten der
Kindheit nicht entfaltet, geübt und gepflegt wurden.
Es entsteht dann die Situation, daß die seelische Span-
nung auch das Denken in das Spannungsgeschehen
einbezieht. Denken, Fühlen und Wollen «purzeln ineinander». Es entsteht ein «Seelenkomplex mit Eigenleben».

Bei den seelischen Erkrankungen liegt also schon
primär eine Schwächung des Ich vor. Es konnten in
der Kindheit, in der die Ich-Kraft ja noch nicht selb-
ständig wirksam werden kann, die entsprechenden
Vorstufen in der Begegnung mit den Erwachsenen
nicht absolviert werden. Wie können wir diesem ge-
schwächten Ich zu Hilfe kommen und mitwirken, daß
es wieder erkraftet werden kann? Dies ist die eigentliche Aufgabe der Psychotherapie, die sich dabei des im

Seelisch-Geistigen wirkenden Vorganges des Gespräches bedient. – Eine Behandlung allein mit Medikamenten ist wirkungslos. Durch allopathische Mittel
wird das Bild nur verschleiert und überdeckt. Mit den
Medikamenten der anthroposophischen Medizin versuchen wir immer, unterstützend auf die von Kindheit
an einseitig gewordene Situation der Wesensglieder
einzuwirken, das heißt dem geistig-seelischen Teil der
Persönlichkeit die Benutzung des Leibes zu erleich-
tern. Es kann dies eine Unterstützung der Psychotherapie sein. Die eigentliche seelische Erkrankung kann
es aber nicht beheben. Vergleichen wir das psychotherapeutische Gespräch bei seelischen Krankheiten
mit dem geschilderten ärztlichen Gespräch in der
Sprechstunde, ergeben sich durch die Krankheitssituation charakteristische Schwierigkeiten, die im folgenden geschildert werden sollen.

Das psychotherapeutische Gespräch in
der Behandlung der Neurosen.
Hinwendung und aktives Lauschen

Die erste Begegnung mit dem Patienten schafft die
Grundlage für die folgende Therapie. Gilt es doch auf
beiden Seiten abzuspüren, «ob man es miteinander
wagen will». Kann in beiden das Vertrauen aufkeimen,
gemeinsam einen vielleicht schweren Weg zu gehen?
Selbstverständlich müssen die Voraussetzungen dafür

in den folgenden Gesprächen auch gedanklich abge-
klärt werden. Es kann eine Therapie nur sinnvoll werden, wenn der Patient sie sucht und ein «Leidens-
druck» besteht, wenn man sich nach Hilfe sehnt. Die
Entscheidung – das ist eine brauchbare Regel in der
Praxis –, die nach fünf Stunden gemeinsamen Kennen-
lernens und Abwägens getroffen werden soll, hat einen
wichtigen Ausgangspunkt in der ersten Begegnung.

Der Verstärkungseffekt

Auch wenn der gute Wille beim Patienten vorhanden
ist, so ist er viel schwerer in Gang zu setzen, in Gang zu
halten, ja überhaupt anzusprechen. Die Fähigkeit zum
Nachahmen oder zum Mitschwingen in innerer Reso-
nanz ist gering. Der Patient ist in seinem Seelenleben
nicht nur «verstrickt», sondern im wahrsten Sinne des
Wortes «gefangen». Man meint als Arzt die Märchen-
situation von der verzauberten Prinzessin, die ihrem
Wirkenskreis entzogen ist, in drastischer Realität vor
sich zu sehen. Weder Hingabe noch Lauschen sind
möglich. Die Seele ist erfüllt von den eigenen Nöten,
die sich als Knäuel von Gefühlen und Gedanken im
Kreise drehen, in der Seele breitmachen oder sich hinter einem in den Vordergrund geschobenen Symptom
verbergen. Das Atmen der Seele mit der Welt muß erst
wieder erlernt werden. Dabei kann der Vorgang des
Gespräches helfen. Man muß nur die Geduld haben,

ihn immer und immer wieder zu wiederholen. Es ist ein Lernvorgang, langsam wieder für menschliche Kontakte und später zur Begegnung mit Seeleninhalten aufgeschlossen zu werden. Die künstlerischen Therapien können bei diesem Schritt entscheidend mithelfen, sind sie doch auch ein Gespräch mit einem wesenhaft objektiven Element, seien dies nun die Farben, Töne oder Elemente der Sprache.

Das Heraussetzen der Seelenerlebnisse

Vom seelisch kranken Menschen können wesentliche Zusammenhänge nicht ausgesprochen werden, weil sie dem Bewußtsein entfallen sind bzw. weil sie «verdrängt» wurden. Die liebevoll helfende Frage hat keine Wirkung! Das Gespräch allein vermag keine Klärungen zu bringen! – Oft hilft die Einbeziehung der Träume, um Vergessenes und Verdrängtes hochzuholen. – Es ist immer wieder erstaunlich und beeindruckend, wie selbst naheliegende, für den Betrachter schon offenkundige Problemkreise für den Patienten selbst völlig verschlossen sind. Der Therapeut muß die Gesetze der verschiedenen Bewußtseinsstufen kennen, vor allem aber die Gesetze des «Unbewußten». Die Erweiterung des Wissens vom Unbewußten durch die Anthroposophie gibt diesem Begriff neuen Klang, neue Fülle, schwingt doch im Unbewußten auch «Übersinnliches» mit. Daraus kann vielleicht ein neuer Stil im therapeutischen Gespräch entstehen.

In der Beziehung des Patienten zum Arzt gilt es, das Phänomen der Übertragung zu beachten. Schlechte Erfahrungen, die der Patient zum Beispiel mit älteren Menschen, wie etwa dem Vater, gemacht hat und die in seinem Leben zur gewohnten Grundhaltung wurden, werden unbewußt auf einen ebenfalls älteren Gesprächspartner projiziert. Der Patient meint seine Lebenssituation oder ein Ereignis aus der Vergangenheit objektiv zu schildern. In Wirklichkeit schwingen starke emotionale Gefühle unbewußt mit. Es kann dies in allen Intensitätsgraden geschehen. Im Extremen leben im Patienten alle Gefühle des Sich-nicht-verstanden-Fühlens, des Widerstandes, der Abwehr, die sich dann auch in aggressives Verhalten verwandeln können, wieder auf und können den Worten ihren Stimmungsgehalt geben. Der Arzt hat dies zu erkennen, weil er sonst möglicherweise als «Getroffener» reagieren würde. Damit wäre aber kein therapeutisches Gespräch mehr möglich, sondern bestenfalls eine Diskussion, in der man sich als Angegriffener verteidigt und seine Überlegenheit unter Beweis stellt. Wenn gar das Verhalten des Patienten im Arzt die Erinnerung an frühere ähnliche unangenehme Erlebnisse weckt, ohne daß dies bewußt wird, oder wenn eigene nicht ausgelebte Sehnsüchte aufklingen, so entsteht das Phänomen der Gegenübertragung. Auch hierbei bekommt das Gespräch unbewußt eine Note, die jedes therapeutische Fortführen des Gespräches verunmöglicht, weil jetzt beide Gesprächspartner nur «seelisch» reagieren und das innere «Fragen nach dem Wesen» des Krankseins und der Gesundungsmöglichkeit, die durch die «geistige Einstellung» zur Welt charakterisiert ist, unmöglich wird. Es ist daher richtig, daß in der Ausbildung zum Psychotherapeuten gefordert werden muß, daß er diese Zusammenhänge durchschaut und das Auftreten einer Gegenübertragung bei sich selbst zu beobachten vermag. Er muß also das Unbewußte in der eigenen Seele kennengelernt haben. Wir möchten diesem notwendigen Ausbildungsschritt folgende Erweiterung hinzufügen: Der Therapeut muß auch in dieser Belastungssituation die Urgesten des Gespräches in Gang halten können! Das ist nur möglich, wenn er sich erstens nicht nur vom Patienten im notwendigen Abstand weiß, sondern zweitens diesen Abstand gleichzeitig von sich selbst, von seinen eigenen Seelenregungen herzustellen, drittens aber auch sich selbst in seiner Beziehung zum Patienten aus Abstand zu betrachten vermag. Außerdem gilt es, ein Distanzerlebnis gegenüber dem Ziel der Therapie wachzuhalten. Wie hilft der Therapeut mit, daß der Patient wieder ins Gespräch mit seinem Lebensumkreis kommt? Dieses Ziel entspricht keinem festen Konzept, sondern erwächst immer wieder neu aus dem Vorgang des ständigen inneren Fragens und Abspürens. Es ist also ein recht komplizierter Bewußtseinsvorgang, der sich beim Therapeuten abzuspielen hat. Alle drei Abstandserlebnisse läßt er ständig ineinanderklingen. Getragen ist alles von der Grundstimmung des Gesprächs: liebevolle

Hinwendung und inneres Lauschen. Das Ich des Therapeuten, als der Lenker der Seelenkräfte, ist gleichzeitig oder im Wechselspiel in allen drei Bereichen tätig und integriert sie zur Ganzheit des helfenden Gesprächs. Man wird bei der Darstellung dieser drei Standpunkte an das Levinski-Prinzip erinnert. Rudolf Steiner schildert, daß der bekannte Burgschauspieler Levinski, nach dem Geheimnis seines Erfolges gefragt, etwa folgendermaßen geantwortet haben soll: Wenn ich spiele, bin ich eigentlich drei Menschen; erstens der alte, häßliche, ein bißchen verwachsene Mensch, der ich auch im täglichen Leben bin; zweitens der jugendliche Held, den ich darstellen will (zum Beispiel Hamlet); und drittens derjenige, der dem ersten sagt, daß er ganz in den zweiten hineinschlüpfen soll.

Das miterlebende Denken

Hier sei daran erinnert, daß im hineintastenden, sich hineinverwandelnden Denken die Bewegungs- und Willensvorgänge im Seelenleben und ihre Hemmnisse zu erfassen sind. Erübt der Arzt die Betrachtung von Kräftewirksamkeiten an seelischen Krankheitszuständen, so kann er zu eindrucksvollen Erlebnissen kommen. Nach Goethe werden ja gerade am Pathologischen die Grundkräfte, die hinter den Lebensvorgängen wirken, besonders gut anschaubar. Es folgen daraus nicht nur Erkenntnisse, sondern es entsteht auch ein Gefühl des brüderlichen Verstehens. Auch Verhaltensweisen, die dem gesunden Menschen nicht nachvollziehbar sind, können in ihrer Bedeutung für den Patienten nachempfunden werden.

Auch bei diesem Vorgang muß die Geste des Lauschens folgen. Nach dem «Herausgehen zum anderen» im hineintastenden Denken, bei dem die subjektive Mitte in einem Objekt des Umkreises aufgeht, gilt es wieder, zu sich selbst zurückzukehren. Der gerade eben erlebte Teil des Umkreises darf jetzt in der Mitte des eigenen Seelenlebens anwesend sein. Die Seele, als subjektive Erlebniskraft, läßt sich dabei von dem Kranken prägen und bleibt doch kraftvoll sie selbst. Hat der Arzt Kraft und Mut, diese miterlebende Begegnung mit dem Kranksein zu bestehen?

Stellen wir dagegen die gewöhnliche wissenschaftliche Haltung, die möglichst unbeteiligt und sachlich beobachtet und dadurch einen wichtigen Schutz gibt. Rudolf Steiner betont immer wieder, daß diese Haltung zuerst erworben sein muß, bevor man an eine Intensivierung des Denkens und Fühlens im eigenen Ausbildungsweg herantritt. Sie muß als Kraft der Nüchternheit und Sachlichkeit auch bei den folgenden Schritten als innere Grundsituation erhalten bleiben. Wirkt sie aber als alleinige Seelenhaltung gerade beim Betrachten von seelischen Erkrankungen, muß eine Einseitigkeit in unseren Erkenntnismöglichkeiten in Kauf genommen werden, ebenso auch im Stil der zwischenmenschlichen Beziehungen. Der Arzt bleibt zu sehr «bei sich selbst», lebt im eigenen «Seelenbesitz».

Von dort aus beobachtet und urteilt er. Im bewußt gehandhabten Gespräch muß er «sich verlassen», zum anderen herausgehen. Er muß sich an das Wesen des anderen Menschen verlieren und sich neu finden. Der Therapeut benötigt viel Ausdauer und Durchhaltekraft, um die wirksame Gesprächshaltung immer wieder herzustellen.

Das gemeinsame Betrachten aus Abstand

Das Abstandserlebnis gegenüber den eigenen Seelen- und Schicksalssituationen ist dem seelisch kranken Menschen auch bei intensivem gemeinsamem Bemühen praktisch nicht möglich. Es ist ein langer Weg immer wieder neuen Versuchens, diese Fähigkeit zu wecken! Auch hierbei kann oft der Blick auf das Traumleben helfen. Erleben wir doch den Traum als etwas, das unser eigen ist und gleichzeitig doch etwas Fremdes. Nach Rudolf Steiner wirkt im Traum nicht nur das Unbewußte aus den Seelentiefen, sondern auch der Nachklang der übersinnlichen Erlebnisse, die in jeder Seele während der Nacht wirksam sind. Am Fremden, das uns doch vertraut ist, entsteht die Möglichkeit zum Staunen und Fragen. Daraus entspringt die Sehnsucht, den Sinn des Traumes zu entdecken, ihm einen Segen abzuringen. Ein erstes Fragen «aus Abstand» kann möglich werden. Da viele Patienten sich vom Inhalt des Traumes bedrückt fühlen, erleben sie es wie befreiend, wenn es gelingt, sie auf diesen Weg zu weisen. Hilfreich kann manchmal auch sein, wenn seelische Probleme, die bei anderen Menschen auftreten, betrachtet werden, anstatt der eigenen. Das ermöglicht erst das Fragen aus Abstand, das dann auch der eigenen Seele gegenüber angewendet werden kann. Es ist dies bereits ein Üben der «geistigen Einstellung» zur Welt. Nimmt man die Worte Rudolf Steiners vom «Ineinanderpurzeln» der Seelenkräfte als ein Bild, das auf die Dynamik des ganzen Vorganges hinweist, und erlebt man, wie die Kraft des Ichs tatsächlich nicht fähig ist, sich aus dem Gefangensein in diesen Seelenvorgängen zu befreien, so wird die Bedeutung des Abstandserlebnisses deutlich. Man kann aber auch miterleben, welche Kraftanstrengung es ist, sich aus dieser Gefangenschaft zu lösen und sich selbst gegenüberzutreten. Wie kann dem Patienten dabei geholfen werden?

Der gebräuchliche Ausdruck «Seelenkomplex mit Eigenleben» schildert, als Bild betrachtet, diesen Vorgang ebenfalls sehr anschaulich. Blickt man auf das Ich, das die Fähigkeit haben sollte, Bewußtseinserlebnisse in der Beziehung zu sich selbst und zur Welt zu dirigieren, so stellt das Eigenleben eines Seelenkomplexes eine reduzierte Bewußtseinshelligkeit dar. Die Seelenregungen laufen ohne Bewußtseinserhellung durch das Ich ab, sind also in diesem Sinne nicht voll bewußt. Für das rein seelische Erleben haben sie aber eine bis ins Schmerzhafte gehende erhöhte Teil-Bewußtheit, zumindest ist dies nicht selten zu beobachten.

Die Sehnsucht nach größerem Überblick ist in den
Tiefen der Seele auch bei kranken Menschen vorhanden. Sie wird aber nicht so deutlich wie bei sonst
gesunden Menschen in Lebenskrisen. Vielleicht
schwingt sie im Erleben des Leidensdruckes mit. Da in
der Krankheitssituation das Hin- und Herschwingen
im Verstehenwollen und Lauschen so sehr erschwert
ist, ist es auch kaum möglich, objektive Zusammenhänge an den Patienten heranzubringen; selbst wenn
man dabei noch so geschickt vorgeht, zum Beispiel an
Vertrautes oder bereits Erarbeitetes anknüpft. Es ist oft
geradezu tragisch rührend, wenn ein Patient sich bemüht, seinem Arzt zuliebe etwas Inhaltliches aus dem
Gespräch aufzunehmen, und der Arzt dann erkennen
muß, daß nur die äußeren Worte erfaßt wurden, der
Sinngehalt aber verschlossen blieb. Der wirkliche Therapeut muß immer wieder neu die Wege bereiten,
durch die eines Tages ein eigenes Erkennen in der Seele
des Patienten aufzuleuchten vermag. Nur dieses selbst
Errungene vermag heilend und klärend zu wirken. Der
Weg dorthin ist aber so weit, daß er ohne Hilfen nicht
gegangen werden kann. Der Therapeut benötigt viel
Ausdauer für diesen Vorgang des Wegebereitens, darf
sich aber andererseits nicht nur auf diesen Vorgang
beschränken. Deshalb ist jede psychotherapeutische
Behandlung immer wieder ein neues Abenteuer, ob es
gelingt, ein wenig weiterzukommen sowohl in dem

Sich-Öffnen als auch im Erarbeiten des Inhaltlichen. Eine gute Therapiestunde ist für beide Beteiligte «Arbeit» und muß doch dabei die fast spielerische Leichte behalten. Das Wissen von den beiden Grundgesten des Gesprächsvorganges vermag dies immer wieder in Fluß zu bringen.

Die verschiedenen psychotherapeutischen Richtungen arbeiten alle an einer Erweiterung des seelischen Horizontes, sei es, daß sie die Gesetze des Unbewußten am eigenen Erleben entdecken, sei es, daß im Gespräch der Inhalt archetypischer Mythen in ihrer Verwandtschaft zu der seelischen Situation des Patienten erarbeitet wird, oder ob es gilt, den «dunklen Bruder», den «eigenen Schatten» zu erkennen und sich mit seiner Realität anzufreunden.

Die Anthroposophie erweitert diese Ansätze durch das Wissen von der Bedeutung der beiden Widersachermächte für die Entwicklung der Ich-Kraft, durch die Kenntnis von den Gesetzen des Lebenslaufes und der Schicksalszusammenhänge. Kennt der Therapeut die Vorgänge, die in der Empfindungsseele, in der Verstandesseele und Bewußtseinsseele wirken, so können Fähigkeiten, die der Patient verloren hat oder nie richtig erwerben durfte, dem Verstehen nahegebracht werden. Daraus kann sich etwa das Bedürfnis ergeben, die «Empfindungsseele» zu erkraften. Auch ihr liegt, wenn sie bewußt gepflegt wird, die Gestik des wirklichen Gesprächs zugrunde: Wie wende ich mich hinaus in die Welt und wie lasse ich mich beeindrucken und entzünde daran ein sowohl subjektives als auch objektives Gefühlserleben. – Die «Verstandesseele» kann neu gehandhabt werden, wenn die Fähigkeit zum Abstand von sich selbst erübt wird und man sich im nächsten Schritt in seiner Beziehung zur Welt ebenfalls aus Abstand betrachten kann. Es ist dies «der» Schritt, der das Erwachsensein ausmacht, das beim Neurotiker ja immer etwas verlorengegangen ist. – Das Wesen der «Bewußtseinsseele» ist dadurch charakterisiert, daß die beiden Grundgesten des Gespräches gegenüber einer höheren Gesetzmäßigkeit in Anwendung gebracht werden, sei dies das Wesen eines anderen Menschen, eines Naturvorgangs oder die Welt der Ideen und Ideale. In allen drei Seelenbereichen kann die Fragestellung nach dem erweiterten Hintergrund zu lebenspraktischen Antworten führen.

Die seelische und die geistige Einstellung zur Welt

Ganz besondere Bedeutung hat es für den Heilungsvorgang, wenn der Patient zur selbst erlebten Erkenntnis kommt, daß seelisches Kranksein eine Überbetonung der «seelischen Einstellung» zur Welt ist und das Wechselspiel zwischen dieser seelischen Einstellung und der «geistigen Beziehung» zur Welt verlorenging. Auch in der Beziehung zu Mitmenschen, die bei seelischen Erkrankungen häufig eine große Rolle spielen, ist der Patient nicht mehr in der Lage, die Frage nach deren Nöten zu stellen, sondern erblickt in ihnen nur die Ursachen für die eigenen Qualen. Da die Krankheitssituation aber das Gefangensein in den eigenen Seelenregungen ist, benötigt es meist außergewöhnlich lange Zeit und viele gemeinsame Betrachtungen, bis dieser Zusammenhang wirklich in der Seele des Patienten aufleuchtet. Für diesen Schritt können wieder die künstlerischen Therapien Helfer sein, weil die Patienten dabei angeregt werden, nach dem Wesen von Farben und Tönen zu fragen und nach der Beziehung, die zwischen deren einzelnen Grundelementen wirksam sind. Macht der Therapeut sich klar, daß der Heilungsvorgang immer mit dem Wirksamwerden der geistigen Einstellung zur Welt in Zusammenhang steht, wird er auch der Gefahr zu begegnen verstehen, die dadurch auftreten kann, daß er sich anfangs vorwiegend um die Seelenregungen des Patienten bemüht. Es darf dies sicherlich nicht zu kurz kommen, zumal sonst beim Patienten leicht das Gefühl entstünde: Ich werde nicht mehr in meinen Nöten ernst genommen. Aber die Betrachtung der seelischen Zustände, deren Art und Ursachen im ersten Behandlungsabschnitt «analysiert» werden müssen, darf nie der alleinige Inhalt der Therapie bleiben. Trotz besten Willens, das Seelendunkel durch die Kraft des Denkens zu erhellen und vor allem auch die unbewußten Anteile bewußt zu machen, kann eine ungeschickt geführte Psychotherapie die Krankheitssituation verstärken, da der Patient vorwiegend auf sich selbst und seine Nöte eingestellt ist. Da die Schilderungen des Kranken häufig geradezu eine Art Sog ausüben, kann der Therapeut, wenn er nicht genügend Überblick und Ausbildungsstand hat, dieser Gefahr durchaus erliegen. Die Fähigkeit, sich immer wieder um den eigenen «dreifachen Abstand» zu bemühen, vor allem den Blick auf den geistigen Hintergrund nicht außer acht zu lassen, der nicht nur die Tiefen, sondern auch die Höhen mit umfaßt, ist der beste Schutz gegen diese Gefahr. Der zweite Schutz ist das bewußte Handhaben der eigenen Seelenkräfte, die immer wieder neu im Gespräch wirken. Der Therapeut lernt dabei, auf die «Werde»- und «Entwicklungskräfte» im Patienten zu schauen, auf die zentrifugalen Mittelpunkts- und Willenskräfte, die geweckt werden wollen, um sich dem Wechselspiel zur Welt einzufügen.

Der dritte Schutz ist das Wissen vom «atmenden Wechselspiel», das zwischen der seelischen Einstellung zur Welt und den Bemühungen um die fragende geistige Haltung walten sollte.

Das aktive Warten

Je größer die innere Gefangenschaft des Patienten ist, um so schwerer wird ihm das Warten fallen. Da es im bewußten Lauschen des Gesprächsvorganges aber ständig geübt und vorgelebt wird, gibt es doch gar nicht so selten die beglückenden Augenblicke, in denen auf einmal diese gemeinsame Stimmung entsteht. Arzt und Patient müssen also den Mut haben, auch gelegentlich gemeinsam schweigen zu können. Wenn in der Seele des Patienten auch noch keine Antwort aufleuchtet, so kann beim Therapeuten in diesen Momenten doch etwas von den Möglichkeiten, von der Keimkraft der Seele des Patienten aufblitzen. Hat er diesen Zukunftsfunken einmal erlebt, hat der Helfer wieder neuen Mut, auch in schwierigen Situationen durchzuhalten. Auch wenn die Krankheit den eigentlichen «goldenen Kern der Seele» völlig verschüttet hat, so hat man ihn jetzt doch einmal gesehen und den Glauben gestärkt, daß die Behandlung zu einem guten Ende geführt werden kann. Es ist eine ähnliche Situation, wie sie im Märchen von Schneeweißchen und Rosenrot geschildert wird. Hinter dem zottigen Bärenfell leuchtet in einem kleinen Riß hell ein Schimmer auf, der den beiden Mädchen die Gewißheit gibt, daß eine Erlösungstat von ihnen gefordert wird.

Das erfüllte Warten

Erwartet der Arzt die Möglichkeit, wie beim gesunden Menschen in akuter Not durch verständnisvoll lauschendes Verhalten einen «flash» zu bewirken – die blitzartige Erkenntnis, die ihm weiterzuhelfen vermag –, so wird er bei seelisch Kranken zutiefst enttäuscht werden. Ohne daß die Fähigkeit von Hingabe und Zurücktreten in der Seele irgendwie zum Mitschwingen gebracht wird, wird sich keine erhellende Erkenntnis fassen lassen. Wenn im Verlauf des Therapievorganges aber einmal ein solches Erlebnis herbeigeführt werden kann, dann darf in beiden, im Arzt wie im Patienten, sich die Gewißheit festigen, daß der Heilungsvorgang in Gang gekommen ist.

Zusammenfassung und praktische Auswirkungen

– Die Psychotherapie ist eine *ärztliche Tätigkeit*, weil eine Neurose ein Krankheitsgeschehen darstellt. Man kann die Gesetze dieser Krankheitszustände kennen und erkennen und Schritte zur Wiederherstellung der Gesundheit in Gang bringen. Zusätzlich zum Wissen muß in der Seele des Therapeuten das Erleben von Krankheit und Gesundheit des Seelenlebens immer wieder neu aktiviert werden. Die Kenntnis von den Grundgesetzen des Lebensweges als erweiterter und erweiternder Hintergrund kann eine wesentliche Hilfe sein. Das Wissen von der Wesensart der Widersachermächte, die die Menschen sowohl beschenken als auch in Not bringen, ist dafür eine Voraussetzung. Die Auseinandersetzung mit diesen Kräften in der Seele schafft die Möglichkeit für Selbständigkeit und innere Freiheit. Wir verdanken diesem Wirken aber auch die Tendenz zum Krankwerden.

Lange Zeit ist der Vorgang des Gespräches mit seelisch Kranken selber gleichsam das Medikament, dann wird es das Umgehen mit den aus dem Unbewußten

heraufgehobenen Inhalten und schließlich das er-
kenntnismäßige Verarbeiten des Seeleninhaltes und
der gestörten Beziehung zur Welt. Nur wenn es gelingt, das Ich aus seinem Gefangensein herauszulösen
und es zu kräftigen, können echte Einsichten und
«Überzeugungen» entstehen, aus denen die eigentlichen Ich-Taten entspringen. Die Erkraftung des Ich
aber ist das Ziel jeder Therapie. Die Kenntnis beider
Gesprächsformen und ihrer Unterschiede kann uns
dabei helfen.

– Bei ganz schweren seelischen Krankheitsbildern,
den sogenannten Kernneurosen oder zum Beispiel den
schweren Zwangsneurosen, ist es nur in seltenen Fällen
möglich, einen Heilungsvorgang in Gang zu bringen.
Bei diesen schweren Krankheitsbildern muß der Arzt
die Kunst des «Begleitens auf dem Lebenswege» üben.
Das ärztliche Bemühen hat dabei den Charakter der
pastoralmedizinischen Einstellung zum Patienten.

Es gilt, Patienten in einer schweren Schicksalssituation zur Seite zu stehen aus dem Bemühen um ein
tieferes Verständnis für einen übersinnlichen Hintergrund, auch wenn man weiß, daß eine erkennbare
Heilung nicht möglich ist. Es ist aber immer wieder zu
beobachten, daß trotzdem diese Art der Begleitung
eine ordnende und beruhigende Wirkung haben kann,
vorausgesetzt, daß man sich als Therapeut immer wieder bemüht, das Ich im Patienten anzusprechen, auch
wenn dies durch die Krankheit nicht zur freien Tätigkeit fähig ist.

– Bei den eigentlichen Neurosen, die der Therapie zugänglich sind, gilt es, diese *als Krankheitsbild zu erkennen*. Diese Ausführungen sollen daher auch alle diejenigen ansprechen, die mit anderen Menschen zu tun haben und sich dabei des Gespräches bedienen.

a) Man muß wissen, daß es diese Krankheitsbilder gibt.

b) Daraus entwickelt sich das Verständnis für das Wesen der Krankheit, für das Wesen und die Eigenarten des Kranken und für die besonderen Aufgaben der Therapie. Es ist notwendig zu wissen, daß ein Verkennen der Krankheitssituation eine Neurose chronifizieren kann, daß die Möglichkeiten einer Heilung versäumt werden und für den Patienten ein langer Leidensweg beginnen kann. Die Behandlung dieser Krankheitszustände erfordert eine spezielle Ausbildung. Sehr häufig täuscht sich der Gesprächführende über die Schwere des Krankheitsbildes und versucht, in seinem mit soviel gutem Willen begonnenen Bemühen fortzufahren. Die Folgen sind schwerste Enttäuschungen auf beiden Seiten: beim Helfenden, daß die Hilfestellung so wenig aufgegriffen wird - beim Kranken, daß er sich eines Tages doch verlassen, «abgeschrieben» und in seinem Menschsein nicht mehr verstanden fühlt. Dies kann zur Verstärkung der Krankheitserscheinungen führen.

– Für die *Ausbildung des Therapeuten* ist vor allem das Abstandserleben in seiner dreifachen Form von Bedeutung: als Abstand von sich selbst, vom Patienten und von dem Wechselspiel Therapeut und Patient. Diese Fähigkeit zum dreifachen Abstand muß lange und mühsam erübt werden.

– Da die Phänomene von Übertragung und Gegenübertragung auch im *täglichen Leben* in der Beziehung zwischen den Menschen eine viel größere Rolle spielen, als man annimmt, kann sich am Erleben der Krankheitssituation der Blick für die Nöte des täglichen Lebens schärfen. Für den Arzt gilt es, bei sich selber zu entdecken, wann sich in eine menschliche Beziehung aus der eigenen Lebensvorgeschichte unsachliche Komponenten hineinmischen. – Entdeckt man diesen Vorgang bei einem anderen Menschen in der Beziehung zur eigenen Person, kann man sich daran erinnern, daß das dadurch unsachlich gewordene Gespräch nur durch das Abstandserleben und die Anwendung der Kräfte, die im bewußten Gespräch wirken möchten, wieder zum «wirklichen» Gespräch werden kann.

– Für das tägliche Leben läßt sich an oben Beschriebenem lernen, bewußter auf die «*Keimkraft*», die *Entwicklungsmöglichkeiten*, den *guten Willen* im anderen Menschen zu sehen und sich nicht mehr von Fehlverhaltensarten so leicht kränken zu lassen. Das Wissen, daß es auch vorübergehende Fesselungen der Ichaktivität beim anderen Menschen gibt, bestärkt einen in der Gesprächshaltung, und man vermag dadurch einem anderen Menschen oft durch lange Zeit innerlich die *Treue zu halten*, auch wenn seine verletzenden

Seeleneinseitigkeiten schon an der Grenze einer Krankheitssituation sind. «Der Wille zum Heilen», auf den Rudolf Steiner so ausdrücklich hinwies[11], und der Wille zur Treue im täglichen Leben und in der therapeutischen Situation hängen eng zusammen.

– So kann man aufmerksam werden für die Beziehung zwischen den Gesten des Gesprächs und dem *Schulungsweg der Anthroposophie*.

Das hineintastende Denken entspricht der Intensivierung des «Denkens» und ist ein erster Schritt auf dem Wege zur imaginativen Denkfähigkeit. Es ist die Willensseite einer neuen Sinnesfähigkeit, es lebt «im Objekt». Diese Fähigkeit der Hinwendung kann meditativ an Denkinhalten erübt werden.

Das Lauschen ist als Intensivierung und Objektivierung des «Fühlens» der entsprechend erste Schritt zur Inspiration.

Der «Wille» zum Sich-Aufgeben, Sich-Öffnen und Zurücktreten, verbunden mit dem Willen zur Hingabe, der sich steigert zur objektiven Liebe, die Erkenntnisfähigkeit zu werden vermag, stellt den ersten Schritt zum Erüben der Intuitionskraft dar. Das bewußt erübte Gespräch enthält diese Schritte des anthroposophischen Schulungsweges.[12]

3
Das Gespräch
im täglichen Leben

Nach diesen Betrachtungen über das Gespräch zwischen Arzt und Patient können wir uns nun der Alltagssituation zuwenden. Denn hier lassen sich viele der angesprochenen Phänomene in ähnlicher Weise beobachten.

Wir sahen, daß das Gespräch das Urbild jeder menschlichen Begegnung ist. Der geschilderte Vorgang des «Gebens und Nehmens», des «Stirb und Werde», des Wechsels von «Hingabe und Lauschen» liegt jeder Beziehung zur Welt zugrunde.

Die Grundstimmung

Das Gespräch ist immer von einer Grundstimmung getragen, die durch die bewußt gehandhabten Seelenkräfte erzeugt wird oder von allein aus dem Temperament oder der jeweiligen Seelenverfassung der Gesprächspartner stammt. Stimmungen können sich im guten und unguten Sinne beeinflussen und verstärken. Mißstimmungen können den Ablauf eines Gesprächs

unmöglich machen oder zum Anlaß werden, ein sonst
von allein ablaufendes Gespräch auf die Stufe der bewußten Gesprächsführung zu heben.

Gesprächsarten

Das Gespräch vermittelt Inhalte in verschiedenem Be-
deutungsgrad. Die «Information» stellt Beziehungen
her, kann aber auch ein Machtmittel werden. Man
denke an den bekannten Informationsvorsprung. Im
Gespräch kann ich mit dem Partner in «Kommunika-
tion» treten, d. h. unsere Gedankeninhalte werden ausgetauscht, vermögen ineinanderzufließen und neu ein
Ganzes zu bilden. Es gibt aber auch die beglückenden
seltenen Augenblicke eines «Kommunizierens», bei denen Wesen in Wesen eintaucht, mit ihm ein Ganzes
bildet und gemeinsam sich für ein Höheres zu öffnen
vermag.

Das Wirken des «Ich-Sinns» im Gespräch

Das Gespräch vermittelt das Erleben der Persönlich-
keit des Gesprächspartners. Dies kann ein allgemeiner
Eindruck bleiben, der nach Rudolf Steiner durch den
Ich-Sinn vermittelt wird. Kennen wir die Gesetze des
Gesprächsablaufs und vermögen wir die dabei benö-

tigten Seelenkräfte bewußt zu handhaben, so schaffen wir damit die Voraussetzungen, den Ich-Sinn zu intensivieren und bewußt üben zu können.

Die Störanfälligkeit des Gesprächs

Es ist verständlich, daß das Gespräch in seiner zentralen Bedeutung für die Beziehung der Menschen untereinander auch besonders störanfällig ist. Beeinträchtigungen des Seelenlebens, Lebenskrisen, Schicksalsnöte entzünden sich vorwiegend im Zusammenleben der Menschen. Das Aneinander-Leiden kann zu den verschiedensten seelischen Einseitigkeiten führen, die sich bis zur seelischen Erkrankung steigern können oder sich in funktionelle Beschwerden verwandeln, in vielen Fällen auch die Grundlage zu körperlichen Erkrankungen geben. Menschen, die sonst seelisch gesund wirken, können in Krisensituationen nicht mehr frei und offen miteinander sprechen. Man sagt: «Ich bin nicht mehr im Gespräch mit meinem Partner», oder: «Ich fühle mich nicht mehr von ihm wahrgenommen.» Gefühle der Bitterkeit, Resignation oder des Ärgers verbinden sich mit beurteilenden Gedanken. Es entstehen Erlebnisbereiche, die wie eine Vorstufe der geschilderten Seelenkomplexe mit Eigenleben wirken. Glücklicherweise lösen sich diese beim gesunden Menschen wieder auf. Vielleicht ergibt sich ein klärendes Gespräch oder sonst eine Möglichkeit, eine schwierige Situation zu erkennen und wieder ins Gespräch zu kommen. – Kann die Kenntnis der geschilderten Gesetze, die für das Gespräch gelten, eine Hilfe sein, daß wir die Störung in der Beziehung zum anderen Menschen rascher erkennen und bewußt und konsequent beheben können? Es würde damit eines der wichtigsten und schönsten Anliegen der Medizin erfüllt: aus der Kenntnis der Krankheitssituation vorbeugend im Sinne einer seelischen Hygiene wirken zu können, «auf psychischem Wege prophylaktisch zu behandeln, zu verhüten»[13].

Es gibt aber auch seelische Einseitigkeiten ohne erkennbare Beziehung zu seelischen Krankheitsvorgängen, die die menschliche echte Gesprächsfähigkeit beeinträchtigen oder aufheben.

Störungen der Gesprächsfähigkeit im täglichen Leben.
Die festgefahrene, verhärtete Situation

Zwei Menschen sind nicht mehr miteinander «im Gespräch». Sie haben resigniert, den anderen abgeschrieben oder erwarten von ihm, daß er sich endlich ändern möge. Da man sich selbst in der Regel im Recht fühlt, besteht demnach keine Notwendigkeit, selbst eine Änderung bei sich herbeizuführen. Meist hat man ja auch schon viel guten Willen investiert in dem Bemühen, den anderen endlich wachzurütteln und von der Unrichtigkeit seiner Einstellung zu über-

zeugt, d.h. ihm die eigene wahre Auffassung nahezulegen.

Versuchen wir uns in diese Situation, die jeder schon
erlebt hat, intensiv hineinzuleben und dann die Frage
zu stellen: Welche Kräfte müssen wir aufbringen, um
die Urgesten des Gesprächs wieder in Gang zu bringen?

Der wichtigste Schritt ist, daß wir bereit sind, unsere
Gewohnheitshaltungen aufzugeben. Dies gilt sowohl
für die Gefühlsqualitäten als auch für die Urteile und
Vorstellungen. Hilfreich kann dabei folgendes Bild
sein: Die Lebenssituation zwischen den betreffenden
Menschen ist langsam gewachsen, hat vielleicht sogar
Blüten getragen, wurde dann aber zunehmend immer
mehr verhärtet, so daß das Bild eines knorrigen, dür-
ren Baumes vor uns steht. Wir müßten bereit sein,
dieses Seelengebilde einem «Verbrennungsprozeß» zu
unterwerfen, wodurch die im «Holz» gefesselten Kräfte
als Licht und Wärme wieder frei werden und vom Ich
ergriffen werden können.

Dieser Verbrennungsvorgang entspricht einem bewußt erzeugten Todesvorgang. Nur wenn ich den Mut
habe, die Gewohnheitshaltungen zu verbrennen, kann
die Stagnation behoben werden. Wir können dann
wieder liebevoll in das Wesen des anderen eintauchen
und dabei nicht nur das erleben, was «geworden» ist,
sondern uns auch mit den «Werdepotenzen», die wir in
letzter Zeit überhaupt nicht mehr zu sehen vermochten, verbinden. Dadurch wird das Bild vom anderen
Menschen, das Starrheit und Härte bekommen hatte,

wieder in ein bewegtes Geschehen verwandelt. Wir erleben beim Partner die Kräfte des «guten Willens» und die Hemmnisse, die diesen zum Erlahmen gebracht hatten. Vielleicht gelingt es dabei auch, aus dem Abstand, der zum Wesen des Gesprächs gehört, die Frage zu stellen, wie weit ein von mir zwar nicht bös gemeintes, aber vielleicht doch ungeschicktes Verhalten diese Hemmnisse in der Seele des Partners bewirkt hat. Es ist eine eigenartige Erfahrung, daß das eigene Bemühen, die Gesten des «Gesprächs» zu praktizieren, im anderen Menschen Härtevorgänge im Seelenleben wieder in Bewegung zu bringen vermag. Starrheit und Kälte können, wenn wir bei unserem Bemühen nur genügend Ausdauer haben, im Partner langsam auftauen. Dann ist der Zeitpunkt nicht mehr weit, daß Resonanzphänomene wieder wirksam werden können. Wichtig ist dabei allerdings die Ausdauer. Hat man einmal etwas von dem schlummernden, momentan von Härtevorgängen überdeckten guten Willen erahnt – und sei es auch nur andeutungsweise –, so wird die Durchhaltekraft immer leichter möglich.

Reiches Innenleben als Gesprächshemmnis

Beim gesunden Seelenleben findet ein ständiges Wechselspiel statt zwischen einem eigenständigen Innenleben und einem Mitleben mit der umgebenden Welt. Das Innenleben entzündet sich an der Welt, muß aber immer wieder neu bereit sein, sich an der Welt zu korrigieren, um wieder neue Fülle zu bekommen. Wir können uns an die Welt verlieren, haben aber auch die Fähigkeit, im Nachklang dieser Weltbegegnung ein reiches Innenleben zu entwickeln.

Das Seelenleben ist gesund, wenn die polaren Vorgänge, «Abgeschlossenheit in sich selbst» und «sich der Welt verbinden», in ständigem Wechselspiel sind. Die Dynamik des Sich-Abschließens entspricht der Seelengeste der Antipathie, das Sich-Verbinden der Sympathie.

Ist dieses Wechselspiel zugunsten des Innenlebens gestört, schwindet sowohl die Fähigkeit, sich anregen als auch korrigieren zu lassen. Die Gesprächsfähigkeit mit der Welt leidet, man spricht eigentlich nur noch mit sich selbst.

Das Innenleben kann seine Fülle im Zusammenspiel von Denken, Fühlen und Wollen entwickeln, es können aber auch einzelne Bereiche einseitig übermäßig gepflegt werden.

Das *Denken* steht dem Formpol des Seelenlebens nahe. Seine Inhalte können die fast mineralische Struktur klarster Begriffe annehmen. Verbunden werden sie durch die ebenfalls unbestechlich klare Gesetzmäßigkeit der Logik. Diese Wissensfülle wird als innere Welt aus sachlichem Abstand betrachtet.

Hypertrophiert das *Fühlen*, so äußert sich dies meist in überreichen Gefühlen. Diese können sich sowohl an inneren wie äußeren Erlebnissen entzünden, zum Beispiel an religiösen Gedanken oder ästhetischen Eindrücken. Wuchert die Gefühlsfähigkeit, hat sie meist zu wenig Kontakt zur ordnenden Kraft des Denkens und gerät in die Gefahr des Selbstgenusses. Obwohl Sympathiekräfte überwiegen, entsteht für die Mitmenschen häufig das Erlebnis, von diesem inneren Leben ausgeschlossen zu sein. Die Sympathiekräfte beziehen sich tatsächlich vorwiegend auf die eigenen Seeleninhalte.

Die *Willensimpulse* können weitgehend darauf verzichten, sich nach außen zu wenden, dafür aber um so intensiver das Innenleben gestalten. Die Bewegungs- und Lebensvorgänge, die dem Willen entsprechen, können sich in zügelloser Phantasie ausleben. Die nahe Beziehung des Willens zu Vorgängen der Körperlichkeit wird deutlich durch die Impulsierung des Willens durch Hunger, Durst und die Triebbereiche, die mit den Fortpflanzungsorganen zusammenhängen.

Verbinden sich die Willensimpulse im Seelenleben mit den formenden Kräften, entstehen die Möglichkeiten zum künstlerischen Schaffen. Zwischen den Polen wird in verschiedenen Qualitätsabstufungen ein mittlerer Bereich gestaltet. In verschiedener Intensität wird dabei äußere Materie einbezogen wie beim Malen und Plastizieren, während Musik und Dichtkunst in besonderem Maße das reine Innenleben zum Ausdruck bringen können.

Nach den Lehren der Anthroposophie verdanken wir die Fülle der kulturellen Schöpfungen, die im Innenleben entstehen, dem Wirken der luziferischen Weltenkräfte. Sie schenken uns den Reichtum des Seelenlebens, führen aber auch zu den geschilderten Einseitigkeiten, die die Gesprächsfähigkeit mit den Mitmenschen hemmen, da das reiche Innenleben alle Kräfte fesselt und einseitig fixiert.

Zusammenfassung

– Durch das reiche Innenleben entsteht die Gefahr, daß das Interesse für die Umwelt, vor allem für die Nöte unserer Umgebung, schwindet. Reichtum verführt immer dazu, in der eigenen Fülle zu leben, von den eigenen Schöpfungen und Gestaltungsmöglichkeiten fasziniert zu sein und auf diese beglückenden Innenerlebnisse nicht verzichten zu können.

– Besteht die Tendenz, einzelne Menschen in die eigene Begeisterung einzubeziehen, sie mitzureißen, vielleicht auch sich dienstbar zu machen, so entstehen mit ihnen zwar Zusammenklang und gemeinsame Sprache. Andere Menschen aber können diese Sprache nicht verstehen und fühlen sich zurückgewiesen und abgelehnt.

– Wir können in unserem eigenen Seelenleben gefangen sein, das auch einmal durch negative Vorgänge Fülle bekommen kann, zum Beispiel von Kummer, Sorgen, Ängsten, Zukunftsüberlegungen und ähnlichem erfüllt ist. Es dominiert dann aber die seelische Einstellung zur Welt. Alles Denken und Trachten bezieht sich auf die eigene Person. Als Durchgangsphase erlebt fast jeder Mensch einmal eine derartige Seelenstimmung. Es besteht die Gefahr, daß eine Gewohnheitshaltung entsteht.

– Da die Taten des Ichs, zum Beispiel im schöpferischen Gestalten oder in denkerischen Vorgängen, sich vorwiegend auf Inhalte des eigenen Seelenlebens beziehen, verkümmert die Wechselbeziehung zur Welt. Es können zu wenig belebende Impulse aufgenommen werden, vor allem wenn sie sich an der Auseinandersetzung mit unangenehmen Menschenbegegnungen oder Schicksalsereignissen entzünden müßten. – Bei aller inneren Beweglichkeit entstehen doch auch verfestigende Tendenzen im Seelenleben, nicht zuletzt durch die Gefahr der Eigenliebe, die nur durch die Bereitschaft, sich auch den Nöten der Welt zu verbinden, eine Korrektur erfahren könnte.

Diese Problematik entspricht im Körperlichen weitgehend den Vorgängen zwischen Blutkreislauf und Atem. Die Blutzirkulation ist ein in sich abgeschlossenes System. Sie versorgt die «innere Welt» der Organe. Im Atmen wird das Blut von den belebenden Kräften der Umgebung berührt. Der Sauerstoff entfacht immer wieder neu die Lebensvorgänge. Im Ausatmen wird der Kohlenstoff als Repräsentant von Verfestigungstendenzen aus dem Inneren an die Umgebung abgegeben. Dadurch entsteht das Gleichgewicht der Lebensvorgänge, das in jedem Augenblick immer wieder neu geschaffen werden muß.

Das Denken hat die Tendenz zum Festhalten an einmal erworbenen Gedankeninhalten. Feste Urteile hemmen die Gesprächsfähigkeit. Oft mischt sich ein geheimer Stolz auf den Wissensbesitz hinein oder die Fähigkeit, Neues rasch denkerisch in sein Weltbild einordnen zu können. Jedes Spezialistentum führt notwendigerweise zu Einengungen und Verfestigungen im Denken. Ähnliches gilt für manche zeitbedingten Modeansichten.

Im Fühlen können sich Grundstimmungen als Gewohnheit festsetzen. Dies gilt vor allem für die Antipathie. Zuviel Antipathie als Dauergrundstimmung läßt das Abstandserleben zu stark werden. Die Hingabefähigkeit fehlt. Der scharfe Blick für die negativen Seiten des anderen ist besonders intensiv. Die Fähigkeit, den guten Willen beim Partner zu erleben, schwindet. Es entsteht eine Tendenz, bei neuen Erlebnissen die Erinnerung an antipathische Ereignisse des früheren Lebens bereit zu haben und überempfindlich zu reagieren. Es können Aggressionen entstehen, ausgelebt, zurückgedrängt oder verdrängt werden, aber auch unbewußt als Grundstimmung im Gespräch mitschwingen und dadurch keine echte Beziehung entstehen lassen.

Wird übermäßige Sympathie zur Grundstimmung, wird dies anfangs vom Partner als angenehm empfunden. Es besteht aber die Gefahr, daß man sich in der

Sympathie zu sehr selbst erlebt oder sich im Verströmen verliert. Da der freilassende Abstand fehlt, entsteht trotz der Fülle der Sympathie keine wirkliche Gesprächsmöglichkeit.

Wenn *das Wollen* vorwiegend nach innen gerichtet ist, entsteht das bewegte Innenleben mit großen Schöpfungsmöglichkeiten, wie dargestellt wurde. Der Blick für die Erdennöte wird aber geschwächt. – Mit anthroposophischen Begriffen könnte man sagen: Es ist ein interessantes Phänomen, daß das übermäßige Innenleben, das wir einer luziferischen Einwirkung verdanken, in eine dem ahrimanischen Prinzip entsprechende Antipathiegeste der Absonderung und Trennung umschlagen kann.

Der Wille, sich in Lebenstüchtigkeit zu intensiv nach außen zu wenden, ist geprägt von der Kraft sachlichen, naturwissenschaftlichen, wirtschaftlichen und technischen Denkens. Es entsteht die Stimmung der Kampfesfreudigkeit. Die Welt wird gestaltet in «Auseinandersetzungen», bei denen es gilt, der Stärkere zu bleiben. Gelingt dies nicht, so kann sich als Umschlagphänomen Angst vor der Übermacht eines Gegners in der Seele festsetzen. Bei dieser Willenseinseitigkeit ist weder die Entstehung des seelischen Freiheitsraumes möglich, noch die liebevoll fragende Hingabe. Das Lauschen ist besonders schwer, weil es ja zur Voraussetzung hat, auf Macht und Fülle des eigenen Seelenlebens zu verzichten.

Es entsteht die Frage: Gehören Einseitigkeiten vielleicht zu unserem Lebensthema? Bedeutet jede einseitige Tüchtigkeit etwa gleichzeitig eine «Teilgefangenschaft», wie wir dies schon bei jeder Spezialisierung beobachten können?

Latente und im üblichen Seelenleben wieder auflösbare Einseitigkeiten haben für die Entwicklung der Ich-Kraft eine entscheidende Bedeutung. Letztere kann ja nur «am Widerstand erstarken». Am Erleben der Einseitigkeit und einer vorübergehenden oder teilweisen Gefangenschaft unseres Ich können wir aufwachen zum Erleben, daß wir diese Ich-Kraft handhaben können und damit bewußt an den Lebensschwierigkeiten zu wachsen vermögen.

Diese Erkenntnisse beziehen sich jetzt aber nicht wie in der therapeutischen Situation in erster Linie auf den Partner, sondern wecken die Fähigkeit der Selbsterkenntnis und schaffen die Voraussetzung, die eigenen Seelenkräfte zu ergreifen. Wir sind durch die Erkenntnis der Einseitigkeiten aufgerufen, diese ersten Abweichungen von seelischer Gesundheit durch die Kraft des Ich an uns selbst zu beheben. Man kann dies als einen eigentherapeutischen Akt empfinden.

Vorurteile und seelische Allergie

Wir erinnern uns daran, daß wir die innere Sicherheit des ersten Ich-Erlebens der Fülle unseres Wissens verdanken und der Fähigkeit, ein neues Erlebnis rasch einordnen zu können. Dieser letztere Vorgang kann eine Art dynamischen Eigenlebens bekommen. Schon eine anfängliche Wahrnehmung weckt ein entsprechendes Urteil. Damit ist das betrachtete Phänomen erkannt; wir können ihm mit innerer Sicherheit gegenüberstehen und müssen uns nicht mehr weiter bemühen. Die Fortführung der Auseinandersetzung mit dem Objekt ist nicht mehr notwendig. Das gleiche gilt auch für die Beziehung zu anderen Menschen. Man kennt den Partner bereits, weiß, was er wieder sagen will, und blockt die Fortführung des Gesprächs dadurch ab, daß «vor» Beendigung des Wahrnehmungsaktes zu schnell ein Urteil gefällt und damit das Gespräch im tieferen Sinn des Wortes beendet wird. Das eigene Wissen hat sich wieder bewährt, jede neue Begegnung bestätigt seine Richtigkeit. Es entsteht dadurch ein antipathisches Trennungserlebnis. In «Vor»-Urteilen liegt der Grund für viele menschliche Schwierigkeiten, die die Offenheit für ein Gespräch verhindern. Vorurteile haben die Tendenz, sich zu verfestigen, Dauer zu bekommen, Gewohnheit zu werden.

Mit den vorschnellen Urteilen verbindet sich sehr häufig das Erlebnis der «seelischen Allergie». Man ist überempfindlich gegenüber kleinsten Äußerungen des Partners, seinen Seelenregungen oder sogar nur Gesten. Wir vermuten hinter ihnen zum Beispiel die Mißachtung der eigenen Person, das halsstarrige Bestehen auf der eigenen Wahrheit und unangenehme Gefühlsregungen, vor denen wir uns schützen müssen. Jeder seelisch noch so gesunde Mensch macht derartige allergische Phasen einmal durch. Wir werden erinnert an das Ausklinkphänomen der kompensierten Neurosen. Ein kleines Erlebnis, das an den Zwiespalt oder an den Partner erinnert, der diesen ausgelöst hat, und der ganze Komplex wird rege und nimmt uns durch sein intensives Eigenleben gefangen. Die seelischen Allergien scheinen also durchaus eine Verwandtschaft zu diesen Krankheitsvorgängen zu haben. Können wir sie rasch durchschauen durch die Fähigkeit des Abstandserlebens uns selbst gegenüber und gegenüber unserer Beziehung zum Partner, so gelingt es, sie wieder zu beheben. Dann können wir sie zwar als Vorstadien des Krankseins im noch gesunden Seelenleben empfinden, aber an ihrer Überwindung erkraften.

Bei der seelischen Allergie besteht eine übermäßige Aufnahmebereitschaft. Diese unterscheidet sich aber von der Offenheit beim bewußten Gespräch dadurch, daß sie ganz der «seelischen Haltung» entspricht. Man bezieht alles auf sich selber und ist nicht in der Lage, die «geistige Einstellung» zu praktizieren. Nur dann, wenn die Aufnahmebereitschaft aus einem inneren Fragen erfolgt, zuerst also die Phase der Hinwendung absolviert wird, kann ich das neue Mittelpunktserleben erringen, in dem ich mich freiwillig vom anderen Objekt prägen lasse und mir dieses Vorgangs bewußt bin. Bei der Allergie hingegen werde ich mitgerissen und zu Gefühlsreaktionen veranlaßt, die wiederum Gedankengänge zur Folge haben, durch die ich versucht bin, mich selbst zu behaupten und das Schlechte beim anderen zu sehen. Seelische Allergie und Vorur-

teil hängen eng zusammen. Beide werden zur Gewohnheit und seelischen Grundstimmung.

Die nicht durchschaute «Übertragung» hat Verwandtschaft zur seelischen Allergie und zum Vorurteil.
Sie ist ein Phänomen, das auch im täglichen Leben
eine große Rolle spielt!

Der Kampf für die Wahrheit

Wir können von einer Wahrheit überzeugt sein, weil
sie uns logisch einleuchtet oder weil wir aus der Haltung des echten Gesprächs mit anderen Menschen
(oder auch im stillen Gespräch mit einer Problematik),
im aktiven Lauschen, zu einer ganz persönlichen Einsicht gekommen sind, die unser ganzes Wesen erfaßt.
Man spricht dann von einer «Überzeugung».

Es ist ein eigenartiges Phänomen, daß sich dieses
Wahrheitserleben häufig rasch verfestigt und zum starren Seelenbesitz wird. Da es eine uns wichtige Wahrheit ist, fühlen wir uns verpflichtet, diese Wahrheit
auch anderen mitzuteilen. Wenn wir die Regeln des
Gesprächsablaufs nicht beachten und immer wieder
eine völlig offene Situation schaffen, wenn wir versäu-
men, die Wahrheit, die wir gestern erlebt haben, am
nächsten Tag im Gesprächskreis originär neu zu entdecken, geraten wir in Gefahr, die Wahrheit dem anderen Menschen aufpressen zu wollen. Ist er nicht bereit,
die Wahrheit anzunehmen, oder meint er gar, selbst im

Besitz der eigentlichen richtigen Wahrheit zu sein und die Ansicht des Partners als Fehlerkenntnis beurteilen zu müssen, so kann nur noch kämpferische Auseinandersetzung die Folge sein. In der Menschheitsgeschichte geht dies ja so weit, daß man sich im Namen der Wahrheit bekriegt, also bereit ist, den anderen Menschen zu töten.

Der Besitz der Wahrheit verleitet zu einem Sendungsbewußtsein. Man meint, die Verantwortung zu haben, den anderen auf den rechten Weg zu führen, und daß es ein Akt der Liebe sei, wenn man ihn immer wieder darauf hinweist. Bei diesem Vorgehen beachtet man aber nicht die Forderung, daß die Hinwendung zum anderen Menschen sich mit dem Zurücknehmen der eigenen Person verbinden muß. Der Kampf für die Wahrheit ermöglicht weder das Hineintasten in den guten Willen des anderen noch das Sich-Öffnen für sein Wesen. Erst aus diesen beiden Grundgesten kann aber, wie wir sahen, die Bereitschaft entstehen, sich gemeinsam um einen objektiven Inhalt zu bemühen. Wie wenden wir uns diesem gemeinsam zu und erfragen sein Wesen neu? Stimmt die gestern errungene Wahrheit? Muß sie sich beim neuen Bemühen bestätigen, erweitern und vertiefen? Wahrheit kann nie Besitz sein, sondern ist ein Vorgang, der aus einem immer wieder neuen «Stirb und Werde» geschaffen werden muß. Es entsteht beim rechten Vertreten der Wahrheit die große und unerhört schwere Aufgabe, den eigenen Seelenbesitz hinopfern zu können. Das Bild des Verbrennungsgeschehens charakterisiert Schmerz und

Größe dieses Vorganges. Nur so können jene Seelenkräfte wieder den Grundgesten des Gesprächs zur Verfügung stehen, die von den zwei Komponenten – Besitz der Wahrheit und Sendungsbewußtsein – in einseitiger Weise festgehalten wurden. Das Sendungsbewußtsein wird dabei als subjektives Liebeserlebnis empfunden, ist in Wirklichkeit im Extremfall aber Angriff oder gar Rücksichtslosigkeit.

Jedes Gespräch – so müssen wir den geschilderten Gesprächsschritten vorausstellen – beginnt mit dem Verzicht auf Seelenbesitz. Aus diesem seelischen Verbrennungs- und Todesvorgang erblüht als neues Leben das verbindende Gespräch. Die in einseitigen Verhaltensweisen gebundenen polaren seelischen Grundkräfte werden wieder frei und können vom Ich ergriffen werden.

Das Generationenproblem

Das Verhältnis der Jugend zur Generation der Erwachsenen ist von großen Spannungen erfüllt. Sie gehören zu den notwendigen Durchgangsschritten zum eigenen Erwachsensein. Es besteht eine erhöhte Empfindsamkeit bis hin zur Allergie im gegenseitigen Verhalten. Der Freiheitsdrang der Jugend ist ein notwendiges Erlebnis, das vom Älteren respektiert werden muß. Übt der Erwachsene nicht bis zum Extrem die Kunst des «Sich-Zurücknehmens» und «Freilassens», ist jedes

Gespräch sofort blockiert. Allergie und Vorurteile charakterisieren die Grundstimmung auf beiden Seiten. Werden Vorurteile des anderen Partners bemerkt, wird sofort extrem allergisch reagiert. Besondere Empfindlichkeit besteht gegenüber dem häufig vorhandenen Bemühen der Erwachsenen, den Jüngeren bestimmte Auffassungen nahezulegen. Schon die Vermutung, der Erwachsene könnte eine bestimmte Handlungsart von ihm erwarten, führt dazu, daß das Gegenteil getan wird. Gelegentlich werden entsprechende Vorstellungen geradezu aufgebaut und im Gespräch unter Gleichaltrigen gepflegt, als ob dies notwendig wäre, um daran die zur Welt der Erwachsenen konträren Willensimpulse zu entwickeln und eine Rechtfertigung für dieses Verhalten zu haben. Oft wähnt sich die Jugend frei von Vorurteilen, die die Erwachsenen so eindrucksvoll darleben, ohne zu bemerken, daß sie unbewußt von Modeansichten oder Gruppenauffassungen in ähnlicher Weise geprägt ist.

Der Erwachsene sieht Gefahren für den weiteren Entwicklungsweg der jüngeren Generation und möchte aus herzlicher Liebe und ernstem Verantwortungsgefühl mithelfen, unangenehme oder schädigende Erlebnisse zu vermeiden. Zutiefst ist er gekränkt, wenn der Jugendliche schon an Kleinigkeiten bei diesem Bemühen Anstoß nimmt, sich bevormundet fühlt und den liebevollen Willen, der aus herzlicher Verbundenheit mit dem jungen Menschen entspringt, so schmählich mißachtet. Daraus entwickeln sich neue Allergien und der Aufbau von Vorurteilen, die ihrerseits wieder kränkend auf die jüngere Generation wirken. Jedes wirkliche Gespräch wird dadurch verhindert und die Gefahr heraufbeschworen, daß Situationen sich «verfestigen». Besonders tragisch ist, daß meist nicht erkannt wird, daß bei der Jugend in der Regel ein nicht eingestandenes, aber tief verwurzeltes Sehnen nach echter menschlicher Begegnung auch mit der älteren Generation besteht. Das heißt aber, junge Menschen sehnen sich danach, Ich-Taten beim Erwachsenen und zusammen mit dem Erwachsenen erleben zu dürfen. Findet der junge Mensch keine Situationen, wie sie zum Beispiel im echten Gespräch erlebt werden können - in denen er das Wirken des Ichs ebenso erleben kann wie das Wechselspiel zwischen der seelischen und geistigen Einstellung zu Menschen und Gegebenheiten, mit denen das Leben uns zusammenführt -, so entsteht in der Seele des Jugendlichen das Gefühl der Enttäuschung und das Erleben der eigenen Seelenkräfte, die keine Ziele zu finden vermögen. Wehe, wenn die Erwachsenen nicht in der Lage sind, provozierende Fragen, die aus dieser Seelenhaltung entspringen, oder gar Angriffe zu verstehen.[14] Reagieren sie als «Getroffene» rein seelisch, ohne die Haltung des echten Gesprächs auch in dieser erschwerten Lage erzeugen zu können, können nur Mißverständnisse, Verbitterungen und Enttäuschungen die Folge sein. In diesen Situationen gilt es ganz besonders, sich um den Blick auf die «Keimkräfte» in der Seele der Jugend zu bemühen. Alles Stürmen und Drängen ist ein Vorstadium, das absolviert werden muß, damit die Kraft des

Ich eines Tages lernt, mit der rumorenden Dynamik im eigenen Innern zurecht zu kommen und sie den Taten des Ich einzufügen. Der Schlüssel für das Erlebnis, zu verstehen und «verstanden zu werden», kann das richtig geführte Gespräch werden.

Wir haben die Dramatik der Beziehung zwischen jung und alt so ausführlich geschildert, damit deutlich wird, welcher Kraftaufwand notwendig ist, um alle Vorurteile, Empfindlichkeiten und Affekte dem notwendigen «Verbrennungsvorgang» zu unterziehen, der die Voraussetzung ist, daß das verbindende und befreiende Gespräch überhaupt in Gang kommt.

Das naturwissenschaftliche Denken

Sachlich nüchterne Beobachtung des «Seienden», logische Verarbeitung der Phänomene und der Blick auf Ursache und Wirkung charakterisieren die Größe von Wissenschaft und Technik. Als Kinder unserer Zeit sind wir alle von dieser Denkart geprägt. Realität hat das «Gewordene», das sich messen, zählen und wiegen läßt.

Wird diese Denkart auf das Seelenleben angewendet, verführt dies zur Annahme, daß auch das beobachtete Seelenleben eine «Gegebenheit» ist. Der Blick für Entwicklungsmöglichkeiten im Kräftegeschehen der Seelenvorgänge kann mit den Methoden, die wir auf unserem Schul- und Berufswege erwerben konnten, nicht entwickelt werden. Schicksalsschläge, Krisensituationen und Krankheiten können uns wachrütteln zur Erkenntnis, daß zum Erfassen der Dynamik seelischer Erscheinungen eine andere Denkart geübt werden müßte. Die Kenntnis der Gesetzmäßigkeiten, die einem echten Gespräch zugrunde liegen, kann einer der möglichen Schlüssel für dieses Bemühen sein. Mit der vollen Kraft unseres subjektiven Mittelpunkterlebens verbinden wir uns objektiven Phänomenen und können dadurch die «Keimkraft», die «Werdepotenzen» in der Seele des Partners wieder ins Blickfeld bekommen. Wir sahen aber, daß dieser Schritt nur möglich ist durch den Verzicht auf feste Urteile und den Schatz unseres Wissens, in den alles Neue eingeordnet wird. Dies fällt schwerer, als wir uns oft klar machen, weil wir unsere Sachlichkeit, Wachheit und exakte «Gediegenheit» gerade unserer wissenschaftlichen Ausbildung verdanken. Es gilt also, gerade auf das zu verzichten, dem wir unsere innere Sicherheit und nüchterne Überlegenheit verdanken.

Es ist eine Grundregel, daß wir uns nur um neue Methoden zur Erfassung von Kräftevermögen bemühen sollten, wenn wir uns die wissenschaftliche Denkart, im besten Sinne des Wortes, anzueignen vermochten. Auch wenn wir auf sie verzichten müssen, bildet die Grundhaltung von Klarheit und Sachlichkeit weiterhin das sichere Fundament. Je größer die Fülle des Wissens war, die wir uns erringen konnten, um so schmerzlicher wird der «Verbrennungsvorgang» des Seelenbesitzes erlebt werden. Nur dieser ermöglicht aber das Freiwerden von Seelenkräften, die vom Ich für die geschilderten Gesprächsschritte ergriffen werden können. Da dies ein schmerzlicher Vorgang ist und uns den gewohnten Boden entzieht, auf dem wir sonst sicher stehen, ist dieser Vorgang des inneren Sterbens und Verbrennens wie jede Schwelle zu einem neuen Lebensabschnitt mit der dafür charakteristischen «Schwellenangst» verbunden. Obwohl bei vielen Menschen eine starke Sehnsucht nach dem wirklichen Gespräch vorhanden ist, kann diese Angst zum entscheidenden Hemmnis werden, tiefere menschliche Beziehungen pflegen oder neu erüben zu können. Dies kann als erschütternde Erkenntnis erlebt werden.

Die Gefahren der Tüchtigkeit

Der Lebenstüchtige beherrscht die nüchterne Klarheit des Denkens. Er kennt jede Einzelheit, vermag sie aber auch in größere Zusammenhänge zu stellen. Er setzt sich Ziele, die er mit Konsequenz verfolgt. Dies sind Fähigkeiten, die durchaus Ich-Gesten entsprechen. Der Lebenstüchtige kann ein hervorragender Verhandlungsleiter sein und durch die Kunst der Wortführung erfolgreich wirken. Die Fähigkeit des echten Gesprächs geht in tragischer Weise aber zunehmend verloren. – Wieso entsteht mit gesetzmäßiger Unerbittlichkeit im Verhältnis zum Nebenmenschen immer wieder folgende Situation: Der geschärfte Blick für

Einzelnes und dessen Stellung in einem Ganzen macht offenbar, welche Schwächen andere Menschen haben. So wie ein guter Chef die einzige lockere Schraube in einem technischen Betrieb sieht, so werden alle Unfähigkeiten und Fehler beim Mitmenschen überscharf wahrgenommen. Dazu gesellt sich eine wachsende Enttäuschung, daß keine kongenialen Freunde da sind. Seelische Allergien und die verfestigenden Urteile erschweren immer mehr eine eigentliche Gesprächsführung.

Verbindet sich einem Tüchtigen ein Mensch von etwa gleicher Stärke, so entsteht auf Dauer nicht etwa das ersehnte Gespräch, sondern es ergeben sich mit unerbittlicher Konsequenz folgende zwei Situationen: Entweder entstehen nach einiger Zeit Kampf und Trennung, oder es folgt die bedingungslose Unterordnung des etwas schwächeren Partners. Letztere wird allerdings oft geschickt getarnt.

Ähnliches gilt auch für das Bemühen um Gemeinschaftsbildung in größeren Zusammenhängen, wenn ein Tüchtiger im «alten Stil» zu dominieren beginnt. Das echte Gespräch, das das Wesen des anderen zu erfassen vermag und bereit ist, seine gegenwärtigen Schwierigkeiten aufzunehmen und mitzutragen, wird immer weniger möglich. Sowohl das liebevolle Sich-Hineintasten in die Willensmöglichkeiten des anderen wie auch das Lauschen und Offenwerden unter Verzicht auf den eigenen «Seelenbesitz» werden nicht mehr geübt. Tüchtigkeit im neuen Stil sollte die Fähigkeit mit einbeziehen, andere Menschen so in ihrem

Ich anzusprechen, daß sie zur Gemeinschaftsbildung impulsiert werden. Die Gesetze sind die gleichen wie beim bewußt geführten Gespräch.

Tragisch ist dabei, daß gleichzeitig oft ein starkes Bewußtsein besteht, einer Aufgabe verpflichtet zu sein oder gar einem Ideal. Hier spielt also auch die Problematik des Kampfes für die Wahrheit in das Verhalten des Tüchtigen mit herein. Kann aber das Wesentliche, das für ein gemeinsames Werk oder eine Gemeinschaft gilt, allein in der Seele eines Einzelnen aufleuchten? Notwendigerweise geht dieser doch immer von einem einseitigen persönlichen Standpunkt aus. Kann das Wesen eines Entwicklungsvorganges vielleicht immer nur in Gemeinsamkeit erlauscht werden? Können wir das «Wesentliche» als inneren Besitz in uns tragen, oder müssen wir bereit sein, ständig neu die offene Situation der echten Gesprächseinstellung auch gegenüber einer Aufgabe zu entwickeln, wie wir das gleichzeitig gegenüber dem anderen Menschen üben?

Das echte Gespräch überwindet die Gefahren, die jeder Tüchtige fast ohne Ausnahme als Entwicklungsschritt zu bestehen hat. Seine Freunde oder Lebenspartner können dabei mitwirken, wenn sie selbst die Haltung des Gesprächs treu pflegen. Sie verbinden sich damit ja «den Entwicklungskräften der Seele», der potentiellen Energie des guten Willens im anderen Menschen in der Hoffnung, daß dies mithelfen kann, Einsamkeit, Enttäuschung und die Ansätze zur Menschenverachtung, die für den Betroffenen unbemerkt in der Seele keimen, aufzulösen. Selbst dann, wenn kein Gespräch mit Worten möglich ist, wie dies zeitweise der Fall sein kann, sollte die innere Gesprächshaltung, der menschenverbindende Ich-Sinn in treuem Durchhaltevermögen geübt werden. Geschieht dies mit Konsequenz, entstehen Wirkungen auf den Partner. Niemand vermag sich der «seelische Atmosphäre schaffenden Kraft» des guten Willens zu entziehen und des Erlebnisses, in seinem Wesen durch den Mitmenschen berührt zu werden.

Die Angst vor Wandlung und Entwicklung

Die bewußte Hinwendung zum Gesprächspartner erfolgt aus einem intensiven Mittelpunktserleben. Wir leben in der Fülle der Seelenwärme, tauchen «mit ihr», «in ihr» in die gleiche Kraft des Partners ein. Wir verbinden uns damit seiner ähnlichen zentrifugalen Willens- und Bewegungskraft.

Die Kräfte, die wir dabei betätigen, entsprechen der Kraftentfaltung, die für eine körperliche Arbeit notwendig ist. Es entstehen sowohl bei der seelischen Hinwendung wie bei der Muskelarbeit Wärmeerlebnisse, vor allem in den Armen und Händen. Die seelische Hinwendungskraft verbindet sich ebenso mit dem Objekt, wie dies die Kräfte beim körperlichen Zupakken tun. Die Grundlage für beide sind Wärmevorgänge im Blut, die durch Verbrennungsvorgänge im Stoffwechselgeschehen ständig neu erzeugt werden.

Kann ich mich seelisch-geistig erwärmen, verbindet

sich dies mit dem Erleben körperlicher Erwärmung. Friere ich, fällt es wesentlich schwerer, Hinwendung oder warmes Interesse zu entwickeln.

Alle biologischen Vorgänge im Körper können als ein in sich bewegter «mittlerer Zustand» verstanden werden, der sich aus dem Ineinanderwirken von polaren Kräften bildet: Bewegung muß zur Ruhe kommen durch Kräfte, die Festigkeit und Form geben. Wärme darf nicht ungebärdig auflodern; sie muß durch Gegenkräfte im rechten Maß gehalten werden. Die Lebensvorgänge dürfen nicht wuchern, sie müssen ihre Grenzen finden und sich von formenden Impulsen prägen lassen. Übermäßiges Leben würde die Form auflösen. Die formenden Impulse bewirken gleichzeitig Festigkeit. Wird diese zu intensiv, kann es zur Erstarrung kommen oder zu einer Steigerung der Formvorgänge, zur «Überformung», aus der Todesprozesse entstehen. – Der belebte Körper stellt ein «Fließgleichgewicht» von Aufbau- und Abbauvorgängen dar, wie dies Versuche mit radioaktiv markierten Substanzen anschaulich demonstrieren. Gesundheit ist ein «mittlerer Zustand», der immer wieder neu geschaffen werden muß. Die polaren Kräfte, die die Mitte bilden, zerstören das Gesundsein, wenn sie im Übermaß oder zu wenig wirken.

Ähnliche Gesetzmäßigkeiten gelten auch für das Seelenleben. Hier ist der Pendelschlag zwischen den polaren Kräften ausgeprägter und deutlicher zu erkennen. Gewinnt ein Pol die Oberhand, so geht das lebendige, immer bewegte Wechselspiel der Seelenkräfte verloren. Es entstehen Einseitigkeiten oder Krankheitszustände ähnlich wie bei den physiologischen Kräfteverschiebungen in den Organen. Ein «Zuviel» an zentrifugaler Kraft kann sich seelisch wie körperlich in Entzündungszuständen äußern; ein «Zuviel» an Formkraft in Neigung zum Sklerotisieren. – Der Zusammenhang der liebevollen Hinwendung mit physiologischen Vorgängen bei körperlicher Arbeit ist dem Erleben besonders nahe. Bei beiden erfolgt eine intensivere Durchblutung der Extremitäten. Dies ist allerdings nur zu beobachten, wenn die Hinwendung in der geschilderten Art des hineintastenden und gleichzeitig freilassenden Denkens erfolgt. Willensvorgänge sind nur möglich auf der Basis von Stoffwechselvorgängen, also physischen Verbrennungsvorgängen.

Schwieriger ist es zu begreifen, daß auch Todesvorgänge im Seelenleben bewußt erzeugt werden können. Formkräfte wirken in der Seele bei der Bildung jedes konturierten klaren Gedankens. Aber auch die Gedanken müssen, ähnlich wie die Härtevorgänge im Leben der Organe, wieder aufgelöst werden, wenn das Leben im Fluß bleiben soll. Hiermit berühren wir das Geheimnis des «Stirb und Werde», das in der Seele, aber auch in den Körpervorgängen wirksam sein muß.

In extremer Weise werden Form- und Todeskräfte wirksam in Bau und Physiologie der Sinnesorgane, vor allem bei Auge und Ohr. Diese Organe sind fast physikalische Apparate mit einer Struktur, die mineralischen Vorgängen ähnlich ist. Im Auge dürfen Glaskörper und Linse nicht vom Blut ernährt werden; sie würden sonst ihre Durchlässigkeit verlieren. In den Sinnesorganen muß auf das «blutvolle» Leben, das sonst alle Organe durchpulst, verzichtet werden.

Die Kraft, die das Leben in diesen Sinnesorganen zurückweist, kann auch im Seelenleben wirksam werden. Es geschieht dies im «Sich-Zurücknehmen» und im «Lauschen». Die Kraft des Verzichts auf Lebensvorgänge, die Fähigkeit, Todesvorgänge wirksam werden zu lassen, wird durch Willensanstrengung als Ich-Tat praktiziert. So wird die Seele zum Sinnesorgan, durch die die Vorgänge der Welt verinnerlicht werden.

Das Ich betätigt Kräftewirkungen, die auch im Körper wirksam sind, in zweifacher, polar wirkender Form:

– Im Willen zum Sterben, zum Verbrennen, zum «Sinnesorgan-Werden».

– In dem Willen, sich in der liebevollen Hingabe in seelischen Wärmevorgängen mit der Welt zu verbinden.

Sigmund Freud hat darauf hingewiesen, daß im Seelenleben nicht nur Triebkräfte wirken, die mit den Zeugungsvorgängen in Zusammenhang stehen, sondern auch eine Todeskraft, der Todestrieb. Beide Triebkräfte wirken «von allein» in der Haltung der seelischen Einstellung zur Welt. Sie vermögen dabei den Menschen in ihren Bann zu ziehen. Es kann das Gefühl entstehen, diesen unbewußt wirkenden Kräften ausgeliefert zu sein, und die Sehnsucht, ihr Wirken zu durchschauen. Lernen wir, Ich-Taten aus der geistigen Einstellung zur Welt zu vollbringen, so lernen wir die gleichen polaren Kräfte, die im Körpergeschehen und in der Dynamik der Seele unbewußt wirken, bewußt zu dirigieren und dadurch auf eine andere Stufe zu heben.

Wir sahen, daß wir als Kinder unserer Zeit vom Denken der Naturwissenschaft geprägt sind. So blicken wir auch im eigenen Seelenleben auf das Gewordene und haben unbemerkt die Einstellung: So bin ich nun einmal; ich kann mich jetzt nicht mehr ändern und will es vielleicht auch nicht. Eine Wandlung bei dieser Grundeinstellung würde ja heißen: Ich verliere den Boden unter den Füßen, erlebe mich nicht mehr in der Meisterwürde meiner Denkart, der ich äußeren Erfolg und Anerkennung verdanke, sondern bin in einem neuen Lebensbereich Anfänger und Lehrling. – Mit dieser Einstellung geht die echte Gesprächsfähigkeit verloren, denn diese verlangt ja ständiges Leben in polar bewegten Seelenkräften.

Ähnliches gilt auch für die Tatsache, daß das Leben Entwicklungsschritte von uns fordert. Besonders deutlich wird dies in der Situation der Lebensmitte. Bisher hatte sich die verstandesmäßige Einstellung zur Welt bewährt. Jetzt gilt es zunehmend mehr, nach dem Wesen anderer Menschen, vor allem der Menschen in unserem nächsten persönlichen Umkreis zu fragen. Führen wir das Gespräch mit ihnen – wie wir dies im Beruf zu tun gewohnt sind – aus der Fülle unseres Wissens und unserer Lebenserfahrung, dem logischen Vermögen, alles zu ordnen und zu klären, so ist das «menschliche Gespräch», gerade mit den uns liebsten

Menschen, nicht mehr möglich, und es resultieren die charakteristischen Schicksalsnöte der Lebensmitte. Wir können nur im Gespräch miteinander bleiben, wenn wir zutiefst durchdrungen sind vom Wissen um Entwicklung und Wandlung und wenn wir vielleicht gerade an den Nöten, die wir selbst durchzumachen haben, diese Eigenschaften als wesentliche Charakteristika unseres Menschseins entdecken. Bemühen wir uns, das Wesen eines anderen Menschen zu erfassen, so ist dies ein Schritt zur Entwicklung unserer Bewußtseinsseele. Wir öffnen uns einer geistigen Wesenheit, dem Ich des anderen Menschen.

Aus dem Vorangehenden kann anschaulich werden, daß Lebensvorgänge, die zwischen polaren Kräften ablaufen, immer in der Gefahr sind, gestört zu werden. Jede harmlose Einseitigkeit kann zum Krankheitskeim werden. Im seelischen Leben geschieht dies in deutlicher Weise. Das Seelenleben ist also immer «gefährlich». Wir haben aber die Möglichkeit, an diesen Einseitigkeiten aufzuwachen und an ihnen die Kraft unseres Ichs zu entwickeln!

Es sollte ferner deutlich werden, daß «Wandlung» nicht eine moralische Forderung ist ohne rechten Inhalt, sondern eine Notwendigkeit, ohne die das Leben im Organismus nicht im Fluß bleiben kann. Die gleichen Gefahren, die in der Physiologie beobachtet werden, gelten auch für das Seelenleben. Gebundene Kräfte müssen immer wieder frei werden, um den eigentlichen Geisteskräften in der Seele zur Verfügung zu stehen. Im Seelenleben geschieht dies nicht wie in der

Physiologie von alleine, sondern als Folge einer Ich-Tat, die aus Selbsterkenntnis und Kenntnis allgemein menschlicher Gesetzmäßigkeiten, wie wir dies am Beispiel des Gesprächs demonstriert haben, entspringt.

Das Altwerden als Kampf
zwischen Kalk- und Kiesel-Prozessen

In zunehmendem Alter verschiebt sich das Verhältnis der polaren Kräfte, die den Leib gestalten. Die Härte- und Formvorgänge beginnen zu überwiegen. Geschieht dies auch in der Seele, geht die Fähigkeit zum wahren Gespräch, zum liebevollen Kontakt zu Mensch und Welt verloren. Jedes Beharren auf festen Standpunkten kann der Beginn seelischer «Verkalkung», der Sklerose, sein. Bei manchen Menschen beginnt demnach das Altwerden schon sehr früh. Bemerken wir als ältere Menschen, daß wir uns nicht mehr verstanden fühlen und nicht mehr andere Menschen verstehen können, sollten wir die Frage stellen, ob in unserer Seele der «Kieselvorgang» genügend gepflegt wird. Es ist dies, wie oben geschildert, die Bereitschaft zum freiwilligen Verzicht auf das Leben unserer von Reichtümern erfüllten Seele. Durch diesen Verzicht wird die Seele durchlässig wie Linse und Glaskörper im Auge, wird selbst aufnahmebereites Sinnesorgan.

Gelingt es uns, diese Fähigkeit den physiologischen Kalkvorgängen zum Trotz immer intensiver zu erüben, so können wir die Seele weiten und zu einem immer umfassenderen Verständnis vordringen für den einzelnen Menschen, sein persönliches Schicksal, für die Situation der Menschheit, ebenso aber auch für die kleinsten Einzelheiten der Natur, wie auch für die ganze Erde und ihre Lebensvorgänge. Der äußere Sternenhimmel, aber auch die göttlichen Gesetze, die Welt der Ideen und Ideale leuchtet in der kristallinen Offenheit der Seele auf. Diese Offenheit kann aber nur durch bewußte, mit Schmerzerlebnissen verbundene Taten des Ichs geschaffen werden.

Gelingt es, in dieser Weise alt zu werden, leuchtet die Weisheit der Welt, die in den kleinsten Dingen wie in den weitesten Fernen wirkt, im Mittelpunktsein unserer Seele auf, und die Seele taucht in die Weisheit der Welt ein.

Der andere Pol des Seelenlebens, die zentrifugale Mittelpunktskraft, die Bewegungs- und Wärmevorgängen entspricht, wird durch die Pflege dieser Verzichts-Kräfte nicht etwa ausgeschaltet, sondern erfährt eine eigenartige Verwandlung. Die Liebefähigkeit bekommt universellere Eigenschaften. Sie wird aus dem egozentrischen Mittelpunktserleben und der Verwandtschaft zu Triebvorgängen befreit. Wir dürfen als schönste Frucht des Altwerdens erkennen, daß Liebe eine objektive Weltenkraft sein kann, die durch die Taten unseres Ichs in der Seele aufzuleuchten beginnt und verschenkt werden will.

Beharren wir auf unserem festen Wissens- und Erfahrungsfundament, werden diese «Alters-Erreichnisse» unmöglich. Der Kontakt zur Welt und unseren Mitmenschen geht durch die zunehmenden kalkverwandten Härtevorgänge im Seelenleben verloren. Auch an diesem Beispiel kann deutlich werden, wie groß die Gefährdungen für das menschliche Gespräch im Leben sind und wie wichtig es ist, den Mut «zum inneren Sterben» zu entwickeln, durch das Seele und Welt eins zu werden vermögen. Vielleicht ist dies auch die einzige wirkliche Vorbereitung auf das physische Sterben als Beginn neuen Lebens auf einer anderen Erlebnisstufe .

Verschlossenheit als Schutz –
Antipathie als Selbstbehauptung

Unsere heutige Zeit macht es häufig nötig, sich gegen die Fülle der Sinneseindrücke zu schützen. Man würde sonst von ihnen überwältigt, innerlich zerrissen, da es unmöglich ist, alles zu verarbeiten. Man denke nur an den Gang durch die Straßen einer Großstadt.

Es gibt Situationen, in denen wir uns in unserer inneren Sicherheit gefährdet fühlen. Die Geste der Antipathie mit der Möglichkeit, sich abzuschließen, bietet dagegen bekanntlich den naturgemäßen Schutz. Ist es uns nicht möglich, wie beim Gang durch die Großstadt «abzuschalten», den «Vorhang herunter zu lassen» oder sich sonst eine «dicke Haut» zuzulegen, treten als Steigerung der Antipathie Aggressionen auf. Eine besondere Form der unbewußten Aggression kann das «Urteilen», «Beurteilen» und «Verurteilen» werden. Man erlebt dabei die Kraft der Überlegenheit aus Abstand und die Möglichkeit, aus der eigenen Seelenfülle abwehrende Taten zu vollbringen. Ganz besonders entsteht die Tendenz zum Urteilen in Situationen, in denen wir uns verwundbar oder unsicher fühlen. Es sind dies unbewußt ablaufende Seelenregungen, denen wir ausgeliefert sind, wenn nicht die Kraft des Ichs an diesen Erlebnissen aufwacht.

In besonderer Intensität wirken diese Vorgänge im Unbewußten bei der schon geschilderten Schwellenangst. Ich-Taten sind ja immer mit Schmerzen verbunden und mit der Bereitschaft zu verzichten. Dies versucht der unbewußte Schutzvorgang zu verhindern.

Diese Selbstschutzmaßnahmen sind verständlich und zum Teil sogar notwendig. Beherrschen sie übermäßig das Seelenleben, geht die Gesprächsfähigkeit verloren. Rasch entstehen dann Gewohnheitshaltungen.

Die von außen erzwungene Hinwendung

Jede Werbung – man denke nur an den Gang durch die Straßen einer Großstadt mit der Fülle der Reklamen – ist bestrebt, Hinwendung zu erzwingen. Sie versucht bewußt, einen seelischen «Sog» auf die Menschen auszuüben.

Auch Film und Fernsehen erzwingen eine derartige

Hingabe. Sie werden als «gut» empfunden, wenn sie Interesse wecken, wenn sie «spannend» und «fesselnd» (!) sind. Wird zum Beispiel das Fernsehen von der Kleinkinderzeit an zu einem der wichtigsten Kommunikationsmittel mit der Welt, kann die bewußte aktive Hingabe an andere Menschen und an die Umgebung zu wenig geübt werden. Die Gesprächsfähigkeit wird versiegen mit all den Komplikationen, die sich daraus für das Seelenleben, ja sogar für die körperliche Gesundheit ergeben.

Wissenschaftliche und allgemeinbildende Sendungen in Radio, Film und Fernsehen werden in der Regel von Fachleuten so perfekt gestaltet, daß das eigene Fragen, Mühen und Stellungbeziehen den Zuhörern und Zuschauern abgenommen wird. Es können die Seelenkräfte, die für die ichhafte Beziehung zu Welt und Mitmenschen geübt werden sollten, dabei nicht wachsen und zur Entfaltung gelangen.

Mangelnde Erlebnisse im Umgang mit natürlichen Substanzen

In unserer heutigen Zivilisation haben wir zudem wenig Möglichkeiten, Lebenserfahrungen in der Bearbeitung von natürlichen Materialien zu sammeln. Diese Erfahrungen haben eine Bedeutung für die Ausbildung der Gesprächsfähigkeit, weil zum Beispiel bei jeder handwerklichen Arbeit eine Begegnung des eige-

nen Willens mit dem Fremdwillen der Materie statt-
findet. Durch die Kraft des bildhaften Denkens werden beide Bereiche zusammengefügt. Es entsteht also
unbemerkt, aber doch sehr wirkungsvoll etwas ähnliches wie der dreifache Abstand von sich und dem Partner, der oben beschrieben wurde. Hinein webt sich das
geistige Prinzip, die Zielvorstellung vom Ergebnis unseres Tuns. Der Stil unserer heutigen Berufsarbeit führt
wenig an derartige Erfahrungen heran. Sie sind fast
nur noch im Bereich des Hobbys möglich.

Fehlende Erfahrungen
mit sinnvoller körperlicher Arbeit

Bei jeder Arbeit verwandelt sich eine Vorstellung in
Muskelkraft, und ein seelisch-geistiges Erleben, wie es
der Wille ist, vermag die Welt umzugestalten. Bei diesem Vorgang sind die Gesetze des Gesprächs wirksam,
wenn das Handeln nicht ein sinnloses Dreinschlagen
werden soll. Auf jede Tat folgt ein Zurücktreten, ein
Registrieren der Wirkung, die auf das Objekt erzielt
wurde, ein Blick auf die Zielvorstellung, die in unserem Innern wirkt, und ein neuer Entschluß zur Tat. In
keiner anderen Situation sind dabei Seelengeschehnis-
se und Körpervorgänge in einer derart intensiven
Weise in Zusammenklang. Eine sinnvolle körperliche
Arbeit, die nicht als lästige Pflicht, oder gar als etwas
Entehrendes empfunden wird, bei der man auch nicht

an etwas anderes zu denken vermag, sondern sich ganz mit dem entsprechenden Objekt verbindet, erfordert den Einsatz des ganzen Menschen. Es klingen in einmaliger Weise Vorgänge der Physiologie und Psychologie ineinander. Sie werden durch die Kraft des Ichs zur Einheit zusammengefügt. Wir erleben uns mit der Welt verbunden und doch getrennt.

Rudolf Steiner hat immer darauf hingewiesen: Das Ich ist willenhafter Natur. Es lebt im Willen. Dieser hat zur Voraussetzung das Wirken von Stoffwechsel- und Wärmeprozessen. Das Ich lebt in der Mittelpunktskraft des bluthaften Willens. Da es immer Mittelpunkt und Umkreis in den Vorgängen des «Stirb und Werde» verbindet, kann es mit der Kraft des Willens aber auch in ein Objekt der Welt eintauchen. An sinn- und liebevoller körperlicher Arbeit kann sich die Ich-Kraft «im Gespräch» mit der Welt besonders intensiv entwickeln.

Auch beim Übungsweg der Meditation ist in ähnlicher Weise der ganze Mensch gefordert[12].

Störungen des Verstehens
von Mensch zu Mensch

Habe ich in meinem Seelenleben eine Vorstellung, die mir wichtig ist, und möchte ich sie einem anderen Menschen übermitteln, so steht mir dafür das Wort zur Verfügung. Man muß sich dabei immer wieder in

Erinnerung rufen, daß für diesen komplizierten Vorgang eine doppelte Übersetzung notwendig ist.[15]

Ich muß meine Gedanken der Sprache anvertrauen und dabei die Fähigkeit haben, gut und treffend zum Ausdruck zu bringen, was in meiner Seele lebt. Es dürfen nicht zu viele, aber auch nicht zu wenig Worte sein.

Der Empfangende muß das Wort wieder in Vorstellungen umsetzen. Im Idealfall entspricht sie dann dem Seeleninhalt, den der Partner übermitteln wollte. Gelingt es, kann es ein beglückender Vorgang sein, indem in der Seele von zwei Menschen unter Mithilfe des Wortes etwas Wesenhaftes aufleuchtet. Es gilt dies für Ereignisse im täglichen Leben ebenso wie für die tiefsten Menschheitsprobleme. Dabei kann etwa eine begeisternde Idee im gleichen Augenblick zwei Menschenseelen erfüllen und sie miteinander verbinden.

Bei diesem Vorgang sind viele Störungen möglich:

– Die Inhalte, die übermittelt werden, sind selbst noch nicht klar geformt und daher mit Worten nur unzulänglich auszudrücken.

– Die Fähigkeit ist nicht entwickelt, Seeleninhalte mit entsprechenden Worten zu schildern.

– Man ist so erfüllt vom eigenen Erleben, daß man meint, der andere müßte auch bei unzutreffenden Worten doch sofort begreifen, was zum Ausdruck gebracht werden soll.

– Es wird leicht vergessen, daß der Partner eine andere Lebensvorgeschichte absolviert hat. Es besteht die

Möglichkeit, daß das gleiche Wort bei ihm einen anderen Klang und Inhalt hat. Bekannt ist dies aus dem wissenschaftlichen Leben, bei dem ein Begriff von verschiedenen wissenschaftlichen Schulen andersartig gebraucht wird.

– Auch sachliche Phänomene können mit Emotionen bei einem der Partner verbunden sein. Ein Rosenstrauß erfreut fast alle Menschen. Es besteht aber die Möglichkeit, daß der Rosenstrauß bei einem schmerzlichen Erlebnis, etwa einer Liebesenttäuschung, eine Rolle spielte und bei dem betreffenden Menschen später dieses Wort eine andere Reaktion weckt, als vorauszusehen war.

– Schwierigkeiten können entstehen, wenn das übermittelte Wort als in verschieden weite Umkreise hineingestellt erlebt wird. Hat der eine Partner einen engen Horizont, der andere einen weiten, so kann es zu diversen Mißverständnissen kommen.

Erlebt man, daß man nicht verstanden wird oder daß der Partner nach einer Mitteilung anders denkt oder handelt, als erwartet wurde, so fühlt man sich nicht wahrgenommen, nicht verstanden und reagiert unwillig, obwohl die Ursachen vielleicht in der eigenen Person lagen. Es entsteht die Fülle der trennenden Erlebnisse, die entweder kränkend wirken oder zu antipathischen Urteilen und neuerlichen Verhärtungen führen.

Versucht man sich in diese Situationen hineinzuleben, so kann die Grundfrage wieder neue Akzente und

Lebendigkeit bekommen, nämlich die Frage: Welche Aktivitäten müssen wir aufbringen, um aus der Erkenntnis der Zusammenhänge die Gesprächsbereitschaft wieder herzustellen, Einseitigkeiten korrigieren zu können und vor allem am anderen Menschen den Blick für den guten Willen zu schulen?

Zusammenfassung und praktische Auswirkungen

Betrachten wir die Erschwernisse, die sich aus unserer Zeitsituation für jeden Menschen im täglichen Leben ergeben, mit seinem Partner «im Gespräch» zu bleiben, so kann sich die Erkenntnis aufdrängen, daß nur das Durchschauen dieser Zusammenhänge soziale Gemeinschaft und liebevolles Miteinanderleben gewährleisten kann. Die Erkenntnis, daß wir alle von Seeleneinseitigkeiten geprägt werden, die wir dem notwendigen Wirken der beiden Widersachermächte verdanken, kann zu einem weckenden Erlebnis werden. Die Kenntnis des Unbewußten in unserem Seelenleben erfährt dadurch eine Erweiterung, denn wir sind uns unserer Einseitigkeiten in der Regel nicht bewußt.

Die Kenntnis dieser Zusammenhänge kann dann auch *für den Arzt* wichtig werden:

– Für den Umgang mit sich selber als Vorbereitung für seinen Beruf. Es gilt, die unbewußten Seelenregungen jeder Art und Qualität zu erkennen. Die unbewußten Einseitigkeiten im täglichen Leben sind in der eigenen Seele aber besonders schwer zu entdecken, weil sie sich oft als positive Fähigkeiten tarnen, aber auch in einem bestimmten Bereich positive Fähigkeiten sind. Die Notwendigkeit zur Selbsterkenntnis, wie sie die psychotherapeutische Ausbildung fordert, erweitert sich zu einem lebenslangen Erkenntnisbemühen und konsequentem inneren Üben.

– Als Hintergrund für jedes therapeutische Gespräch in der Sprechstunde. Erkennt der Arzt die unbewußten Seeleneinseitigkeiten, schult er den Blick für die Möglichkeiten seelischen, psychovegetativen und körperlichen Erkrankens.

– Als Grundlage für seelenhygienisches Wirken in Vortrags- und Beratungstätigkeit.

– Als Grundlage für das Erüben von Seelenkräften, das nach einer Psychotherapie oder einer Folge von Gesprächen als Frucht des gemeinsamen Erkenntnisbemühens vom Patienten gepflegt werden kann. Es könnte der heute bei vielen Menschen vorhandenen Sehnsucht nach geistigen Übungen entsprochen werden, wenn ganz sachliche und konkrete Aufgaben erarbeitet würden, für die das tägliche Leben reichlich Anlaß gibt. Die sogenannten Nebenübungen[16] der Anthroposophie: Kontrolle der Gedanken und Gefühle, freiwillige kleine Handlungen, Ertragsamkeit oder Toleranz, Positivität und Vertrauen, Unbefangenheit, Gleichmut, sie entsprechen den Gesten von Ich-Taten, die wir an den Gesetzen des Gesprächs ablesen konnten. Sie können viele der genannten Einseitigkeiten wieder in Bewegung bringen.

Selbstverständlich gilt auch hier, daß sie gemeinsam im Gespräch erarbeitet werden müssen und Ratschläge nur Wirkung haben, wenn der Therapeut selbst ein Übender ist.

Ähnliches gilt für jeden, der in seinem Beruf mit anderen Menschen zu tun hat. Dies beschränkt sich aber nicht nur auf berufliche Aufgaben, sondern bezieht *unser aller tägliches Leben* ein. Fast alle seelischen Bedrückungen entzünden sich am Mitmenschen. Immer häufiger werden die Erlebnisse, daß trotz besten Bemühens – wie man meint – ein Mitmensch im Gespräch nicht mehr erreicht werden kann. Müssen viele Menschen sich dieses Vorgangs vielleicht deswegen so schmerzlich bewußt werden, damit sie für die Geheimnisse des echten Gesprächs und die Möglichkeit, die Gesprächsführung bewußt zu üben, wieder aufgeschlossen werden?

Für viele Menschen ist die Konsequenz neu, daß man aus der Kenntnis von Zusammenhängen den Schritt zum *bewußten Üben von Seelenkräften* zu tun vermag. Es ist eine Selbstverständlichkeit, daß man seine Muskeln oder auch sein Denkvermögen übt. Daß aber auch die Seelenkräfte der Hinwendung und des Zurücktretens und Lauschens erübbar sind, ist nicht im Gegenwartsbewußtsein.

Es ergibt sich als Konsequenz aus diesen Erkenntnissen die Ahnung, daß ein *neues Menschenbild erarbeitet* werden kann. Gerade an den Vorgängen der Pathologie können entsprechende Schritte abgelesen werden. Gehört es vielleicht zum Menschheitsschicksal, daß wir durch Seeleneinseitigkeiten hindurchgehen müssen, um aus der Erkenntnis zum inneren Üben vorzustoßen? Kann sich daraus das Verständnis für persönliche Schicksalsaufgaben entwickeln? Bekommen die Schwierigkeiten, die wir in Gemeinschaften, in der Ehe, im Berufsleben durchzustehen haben, auf diesem Hintergrund eine andere Bedeutung? Beobachtungen, daß sich an Seeleneinseitigkeiten und Nöte so oft Krankheitszustände anschließen, können ebenfalls den Blick für diese Zusammenhänge eröffnen. Eine entscheidende Erweiterung unseres Menschenbildes ergibt sich aus der Kenntnis der Gesetze des Gespräches. Wir lernen wieder, uns mit den Keimkräften in der Seele des anderen Menschen zu verbinden, sie wieder zu sehen, auch wenn sie verschüttet oder überdeckt sind, und wir erwerben aus dem freilassenden Abstand die Fähigkeit, diese Kräfte anzusprechen und zu beleben. Wir lernen in neuer Weise, *mit Willenskräften* umzugehen.

Das Wissen von den Gesetzen eines guten Gespräches kann das Geheimnis von der Wirksamkeit und Wirklichkeit des «*älteren Bruders*» wachrufen. Ein älterer Bruder, der seine Mitmenschen versteht und sie zu fördern vermag oder ihnen als Helfer in Krisen- und Krankheitssituationen zur Seite stehen kann, werden wir nur, wenn wir uns immer wieder um die Erkenntnis der eigenen Person bemühen und uns des Zusammenwirkens der eigenen Person mit anderen Menschen erkennend bewußt werden. Schließt sich daran das Erüben von Seelenkräften an, so vollziehen sich Schritte des inneren Reifens. Das Wort, das dann anderen Menschen zu helfen versucht, wirkt durch die Realität des eigenen Bemühens .

Die Erkenntnis dieser Zusammenhänge kann auch die Grundlage für eine neue *Psychohygiene* werden, die auf einem neuen Menschenbild basiert. Dieses stellt aber nicht ein wissenschaftliches oder weltanschauliches Glaubensbekenntnis dar, sondern kann an den Erscheinungen des Lebens abgelesen werden.

Daraus können sich Hinweise für *das Verständnis psychosomatischer Zusammenhänge* ergeben. Es wurde mehrfach darauf hingewiesen, daß die gleichen Gesten, die wir im Seelenleben beobachten, auch der Dynamik der Körpervorgänge zugrunde liegen. In beiden Bereichen erkennen wir das Wirken von polaren Kräften: Aufbau und Abbau schwingen ineinander, Bewegung und Form, wucherndes Leben und begrenzende Todesvorgänge, ebenso Sympathie und Antipathie, Hingabe und Zurücktreten, sich Verströmen und Distanzieren. Sind dies vielleicht Wirkensprinzipien im Sinne eines goethischen Urphänomens? Dann wären es die gleichen Kräfte, die die Ordnung am Fixsternhimmel bewirken und die Gestaltungen im Mikrokosmos des Menschenleibes. Nimmt man dies an, so würde ein makrokosmisches Prinzip den Menschenleib prägen. Dieser bildet die Voraussetzung, daß das Seelenleben sich entfalten kann, in dem die gleichen Grundkräfte wirksam sind, aber jetzt auf einer anderen Ebene.

Den beschriebenen geistigen Gesten des Ichs entspricht im Leben des Leibes, als Ausdruck des Gesetzes von «Stirb und Werde», die Fähigkeit, Verfestigungstendenzen aufzulösen oder abzubauen und jedes einzelne Element in einen Gesamtzusammenhang einzufügen.

Die Erfahrung lehrt, daß die Ich-Taten, die die polaren Seelenkräfte bewußt dirigieren, auf den, der diese mühevolle innere Arbeit vollbringt, belebend wirken. Obwohl es sich um wirkliche Anstrengungen handelt, die körperlicher Arbeit vergleichbar sind, resultiert statt Ermüdung Wachheit und neue freudige Aktivität. Hängt dies wohl mit der Tatsache zusammen, daß diese Grundseelengesten in ihrer Kraftrichtung die gleichen sind, die auch aller körperlichen Entwicklung zugrunde liegen? Es wäre dann das Üben dieser Kräfte im bewußten Gespräch der wahrscheinlich seltene Zustand, in dem Taten im geistig-seelischen Leben in Übereinstimmung mit den Leibesvorgängen sind und nicht, wie dies sonst wohl fast die Regel ist, diesen nicht entsprechen oder ihnen sogar entgegenstehen.

Ausklang und Ausblick

Das gemeinsame Gespräch einer Menschengruppe

Die edelste Form des Gespräches zwischen Menschen kann entstehen, wenn ein Thema in die Mitte eines Menschenkreises gestellt wird. Versucht jeder einzelne die bewußte Gesprächshaltung herzustellen, so gilt seine Hinwendung sowohl den Partnern als auch diesem gemeinsamen Thema. Jeder versucht, aus seiner Erinnerung, seiner Lebenserfahrung, seinem Wissen etwas beizutragen, so daß ein immer deutlicheres Bild von der Fragestellung in den Seelen aller Beteiligten aufleuchtet. An diese erste Phase der «Bildgestaltung» (Lievegoed)[17] schließt sich das gemeinsame Fragen im hineintastenden Denken an. Es wird versucht, die Entwicklungsmöglichkeiten, die innere Dynamik des betreffenden Objekts ganz subjektiv und doch in Gemeinsamkeit objektiv zu erleben. Das aktive Warten kann dann der nächste Schritt sein, der sich mit der Steigerung der Hinwendungsfähigkeit verbindet. Die seelische Wärme des Sich-Hineinlebens in das Objekt, die ausstrahlende Liebefähigkeit kann sich zur Empfangswärme verwandeln, die bereit ist, etwas aus dem Bereich der Ideen und des Wesenhaften, also geistige Qualitäten, in der Seele aufzunehmen. Diese Steigerung des aktiven Wartens in Verbindung mit einer gesteigerten Liebefähigkeit charakterisiert Rudolf Steiner als die Schritte, die zum Erlangen einer Intuition notwendig sind. Durch die bewußt herbeigeführte Intuitionshaltung wird die objektive Liebeskraft zur Erkenntnisfähigkeit. Es entstehen dann die beglückenden Augenblicke, in denen in der Seele eines der Teilnehmer etwas Wesentliches aufleuchtet, das keine der einzelnen Persönlichkeiten für sich hätte finden können. Nur das gemeinsame Bemühen macht dieses Erkenntnisgeschenk möglich. Es gehört zu den Höhepunkten unseres Menschseins, wenn wir uns im bewußten gemeinsamen Gespräch mit anderen Menschen verbinden. Was Goethe in seinem Märchen von der grünen Schlange und der schönen Lilie zum Ausdruck bringt, daß das Gespräch kostbarer sei als Gold, wird dann verständlich. Es wird aber kaum gelingen, einen solchen Höhepunkt unseres Lebens zu erringen, ohne daß wir die Störungen des Gesprächsverlaufs in eigener Erfahrung oder bei anderen Menschen schmerzlich erlebt und erlitten haben und uns aus der Kenntnis ihrer Gesetzmäßigkeiten die Fähigkeit erwerben konnten, Gespräche, die ins Stocken gerieten, wieder in Gang zu setzen. Am Erleben des Kranken und Hemmenden und in der Auseinandersetzung mit den dadurch bewirkten Schicksalsnöten kann das «heilende Urbild» des Gesprächs in unserer Seele leben und immer wirksamer werden.

Ein solches Gespräch kann gemeinschaftbegründend wirken. Auf der anderen Seite weist Rudolf Steiner darauf hin, daß wir heute nur «im gemeinsamen Bemühen» Erkenntnisse aus dem Bereich der Ideen und geistigen Impulse in das Erdenleben einfließen lassen können.[18]

Das innere Gespräch mit unserem Schicksal

Vielleicht hilft uns die erübte Fähigkeit, mit unserem Mitmenschen in guter Weise im Gespräch zu sein, auch, mit unserem eigenen Schicksal in eine neue Wechselbeziehung zu kommen. Gilt es doch auch hier, in der Haltung des Gesprächs zum Verstehen des zunächst Unverständlichen, das man nur zu gerne mit einem raschen Urteil von sich weisen möchte, vorzustoßen. Alle Hemmnisse, die wir bei der Betrachtung des Gesprächs kennengelernt haben, sind auch beim Gespräch mit dem eigenen Schicksal wirksam.

Der Kampf gegen das Böse

Üben wir die Haltung des bewußt geführten Gespräches einem Menschen gegenüber, der uns übel will - gleich aus welchen Gründen, sei es aus bösem Willen oder aus einer seelischen Einseitigkeit, die ihn im Augenblick beherrscht –, so können wir uns an das schwerwiegendste Problem unseres Menschseins herantasten, nämlich an die Frage: Wie kämpft man im geistigen Sinne? Gibt es einen Kampf des Guten gegen das Böse? Oder geraten wir dabei in die geschilderte Gefahr, uns für die Wahrheit einzusetzen, dabei aber doch den Mächten des Bösen zu verfallen durch die Art, wie wir das tun? Wir können an einer guten Gesprächsführung die Realität erleben, daß wir uns mit der Not des Menschenbruders beladen können, ja sogar mit dem, was zur Zeit Böses in ihm wirkt, ohne daß wir davon erdrückt werden.

Der helfende Arzt muß lernen, die Krankheitssituation bei einem Patienten nicht nur zu beurteilen, sondern einfühlend nachzuerleben und sich gleichzeitig um die Frage zu bemühen, welche Kräfte der Patient aktivieren müßte, damit sein Ich wieder die Herrschaft über die Seelenkräfte zu erlangen vermag. Gilt vielleicht eine ähnliche Seelenhaltung auch für die Auseinandersetzung mit dem Bösen? Es entspricht der Aufgabe des Arztes – und mit ihr kann er Vorbild sein –, den Abstieg in die Unterwelt, in die Tiefen des Unbewußten, Triebhaften, ja Bösen zu wagen, um im anderen Menschen Kräfte zu aktivieren, durch die er wieder den Weg zum freien Menschsein finden kann. Gehört es vielleicht zu den Aufgaben und beglückenden Möglichkeiten unseres Menschseins, Höhen und Tiefen, Himmel und Erde, Dunkel und Licht, zentrifugales Willenswirken und den Willen zum Lauschen in immer wieder neuem, lebendigem Wechselspiel zu vereinen?

Wirksam werden derartige Überlegungen sicher nur, wenn sie von Menschen praktiziert und dargelebt werden. Der Blick auf die Willens- und Entwicklungspotenzen des anderen Menschen und die Treue in die Keimkraft des Ichs können für dieses Bemühen der tragende Grund werden.

Anmerkungen

1 Entnommen aus: W. Bräutigam und P. Christian, Psychosomatische Medizin. Ein kurzgefaßtes Lehrbuch, Stuttgart ⁴1986, S. 28.

2 Vgl. R. Steiner, Was kann die Heilkunst durch eine geisteswissenschaftliche Betrachtung gewinnen? in: Anthroposophische Menschenerkenntnis und Medizin, GA 319, Dornach 1982.

3 Vgl. dazu R. Steiner, Theosophie. Einführung in übersinnliche Welterkenntnis und Menschenbestimmung, GA 9, Dornach 1987.

4 E. Balint, Fünf Minuten pro Patient. Eine Studie über die Interaktionen in der ärztlichen Allgemeinpraxis, Frankfurt 1978.

5 Vgl. Die Kunst des Gesprächs. Texte zur Geschichte der europäischen Konversationstheorie, hrsg. von Claudia Schmölcks, München ²1986.

6 Vgl. R. Steiner, Zwei Vorträge über Psychoanalyse, in: Individuelle Geistwesen und ihr Wirken in der Seele des Menschen, GA 178, Dornach 1980, S.160f.

7 Vgl. R. Steiner, Krankheit und Gesundheit in Beziehung zu Karma, in: Die Offenbarungen des Karma, GA 120, Dornach 1975.

8 Siehe K. Rittersbacher, Wirkungen der Schule im Lebenslauf, Basel 1978. Siehe auch: J. Kiersch, Die Waldorfpädagogik, Stuttgart ⁶1984.

9 Vgl. dazu: R. Steiner, Anthroposophie. Ein Fragment aus dem Jahre 1910, GA 45, Dornach 1980, IV. Kapitel.

10 Siehe W. Tramsen: Die frühkindliche Entwicklung aus psychoanalytischer und anthroposophischer Sicht (Eigenverlag W. Tramsen, 8000 München 81, Arabellastr. 5).

11 R. Steiner, Osterkurs. Zweiter Vortrag, in: Meditative Betrachtungen und Anleitungen zur Vertiefungen der Heilkunst. Vorträge für Ärzte und Medizinstudierende, GA 316, Dornach 1987, S.164f.

12 Siehe R. Steiner und I. Wegman, Grundlegendes für eine Erweiterung der Heilkunst nach geisteswissenschaftlichen Erkenntnissen, GA 27, Dornach 1984, 1. Kapitel.
Vgl. dazu auch: Freiheit erüben. Der meditative Erkenntnisweg der Anthroposophie, Stuttgart 1988
und: J. Smit, Meditation und Christuserfahrung, Stuttgart 1990.

13 R. Steiner, Die soziale Grundforderung unserer Zeit - In geänderter Zeitlage, dritter Vortrag, GA 186, Dornach 1979, S. 75.

14 Siehe R. Steiner, Anthroposophische Leitsätze, Mitgliederbrief X, GA 26, Dornach 1989.

15 Siehe B. C. J. Lievegoed, Soziale Gestaltungen in der Heilpädagogik, Frankfurt 1986.

16 Siehe R. Steiner, Die Stufen der höheren Erkenntnis, GA 12, Dornach 1979, Kapitel: Die Stufen der höheren Erkenntnis.

17 B. C. J. Lievegoed, Soziale Gestaltungen in der Heilpädagogik, Frankfurt 1986.

18 Vgl. R. Steiner, Anthroposophische Gemeinschaftsbildung, GA 257, Dornach 1989.

falter

*In der Lösung von Rätseln, die uns die eigene Seele aufgibt,
entfaltet sich das Geheimnis der menschlichen Freiheit.*

VERLAG FREIES GEISTESLEBEN

In der Lösung von Rätseln, die uns die eigene Seele aufgibt,
entfaltet sich das Geheimnis der menschlichen Freiheit.

4
Lebenskrisen
Zwölf Schritte zu ihrer Bewältigung
Julian Sleigh
Die Ausgangssituation/1. Die Tatsachen erkennen/
2. Die Ursachen erforschen/3. Das Gegenwärtige
akzeptieren/4. Nach dem Sinn fragen/
5. Sich nach innen wenden/6. Einen Entschluß fassen/
7. Einen Plan festlegen/8. In die Zukunft blicken

5
Meditation und Christus-Erfahrung
Wege zur Verwandlung des eigenen Lebens
Jörgen Smit
Der Beginn eines Erkenntnisweges/Die meditative
Verarbeitung der eigenen Biographie/Praktische
Gesichtspunkte/Der Weg zum höheren Selbst/
Selbsterworbener Idealismus/Christus-Erfahrungen

6
Das Leben meistern
Zur Praxis des achtgliedrigen Pfads
Adam Bittleston
Autofahren und Charakter/Reden in der Familie/
Alter und Schicksal/
Lebensberatung und geistige Entwicklung

VERLAG   FREIES   GEISTESLEBEN